KB088308

동양북스 외국어
베스트 도서
700만 독자의 선택!

새로운 도서,
다양한 자료
동양북스
홈페이지에서
만나보세요!

www.dongyangbooks.com
m.dongyangbooks.com

※ 학습자료 및 MP3 제공 여부는 도서마다 상이하므로 확인 후 이용 바랍니다.

홈페이지 도서 자료실에서 학습자료 및 MP3 무료 다운로드

PC

❶ 홈페이지 접속 후 도서 자료실 클릭
❷ 하단 검색 창에 검색어 입력
❸ MP3, 정답과 해설, 부가자료 등 첨부파일 다운로드
   * 원하는 자료가 없는 경우 '요청하기' 클릭!

MOBILE

* 반드시 '인터넷, Safari, Chrome' App을 이용하여 홈페이지에 접속해주세요. (네이버, 다음 App 이용 시 첨부파일의 확장자명이 변경되어 저장되는 오류가 발생할 수 있습니다.)

❶ 홈페이지 접속 후 ☰ 터치

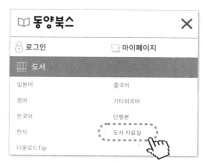

❷ 도서 자료실 터치

❸ 하단 검색창에 검색어 입력
❹ MP3, 정답과 해설, 부가자료 등 첨부파일 다운로드
   * 압축 해제 방법은 '다운로드 Tip' 참고

| 일본어뱅크 |

머리에
쏙쏙 들어오는

좋아요
일본
문화와 사회

| 일본어뱅크 |

머리에 쏙쏙 들어오는
좋아요
일본
문화와 사회

초판 인쇄 | 2023년 12월 20일
초판 발행 | 2023년 12월 30일

지은이 | 사이키 가쓰히로, 가와무로 겐이치로, 감영희, 정희순
발행인 | 김태웅
기획편집 | 길혜진
디자인 | 남은혜, 김지혜
마케팅 총괄 | 김철영
온라인 마케팅 | 김은진
제작 | 현대순

발행처 | (주)동양북스
등   록 | 제2014-000055호
주   소 | 서울시 마포구 동교로22길 14 (04030)
구입 문의 | 전화 (02)337-1737   팩스 (02)334-6624
내용 문의 | 전화 (02)337-1762   dybooks2@gmail.com

ISBN   979-11-5768-996-5   13730

| 일본어뱅크 |

머리에 쏙쏙 들어오는

좋아요 일본
문화와 사회

사이키 가쓰히로·가와무로 겐이치로·감영희·정희순 지음

동양북스

다른 나라 문화를 안다는 것은 그 나라와 그 나라 사람들을 이해하는 데 도움이 되고, 언어와 문화는 밀접한 관계에 있으므로 그 나라 언어를 배우고 실천하는 데도 매우 중요합니다. 또한 자국 문화를 되돌아보는 기회를 주기도 합니다. 특히 일본의 경우, 한국과 가깝기 때문에 그 차이가 더 두드러지게 부각됩니다. 음식 문화 하나만 보아도, 재료나 조미료 등에서 비슷한 면이 많지만, 그릇의 소재나 조미료의 사용 방식이 다르며, 식사 예절 또한 한국은 그릇을 상에 두고 숟가락으로 밥과 국을 떠 먹는데 비해, 일본은 그릇을 손에 들고 젓가락으로 먹는 등 차이점이 많습니다.

이러한 문화 차이가 왜 나타나는지에 대해서는 좀 더 세부적이고 심화된 학습이 필요하지만, 우선 그러한 차이를 알게 되고 스스로 관심을 가지는 과정이 중요합니다. 본 교재는 여러분의 일본 문화 학습의 첫걸음을 잘 안내하여 도와드리고자 작성되었습니다. 기존의 일본 문화 교재들을 살펴보면 일본 현지인들도 잘 모르는 전문적인 내용은 많은 반면, 중요하고 기본적인 내용이 빠져 있는 경우가 종종 있습니다. 그러므로 본 교재는 좀 더 접근하기 쉽게, 까다로운 내용을 없애고 일본 현지인들이 상식적으로 알고 있는 핵심적인 내용을 중심으로 구성하였습니다. 이를 간결한 문장과 풍부한 시각적 자료로 이해하기 쉽게 정리하였습니다. 그리고 대중적인 내용도 적극적으로 담았으므로, 보다 더 접근하기 쉬운 학습 자료가 되었으리라 확신합니다.

본 교재는 '일본의 의식주', '일본의 전통문화', '현대 일본 사회'의 총 3부, 11장으로 구성되어 있습니다. 그리고 학습을 시작하기 전에 일본이라는 나라의 전경을 바라볼 수 있도록, 일본의 기본적인 정보를 정리한 '일본의 상징' 파트를 제1부에 앞서 넣었습니다. 또한 각 장에는 몇 개의 재미있는 꿀팁 칼럼을 넣어 흥미를 돋우고, 각 장 끝에는 학습 내용을 잘 정리할 수 있도록 알찬 퀴즈를 마련하였습니다.

키워드 등 일본어 유래의 낱말은 기본적으로 문화체육관광부 고시 <외래어 표기법>에 따르고, 세부적으로는 각 낱말의 한국어와의 관계나 언어적 특성, 문화적 측면 등을 고려하여 표기 패턴을 몇 가지로 나누어 규정했습니다. 그러므로 다른 교재와 표기 방식 면에서 약간의 차이가 있을 수 있으나, 보다 더 규칙적이고 일관성이 있는 표기가 되었을 것입니다.

본 교재가 학습자 여러분에게 재미있게 읽히고 지적 호기심을 자극하여 일본 문화 학습에 많은 도움이 되기를 마음속 깊이 기대합니다. 감사합니다.

2023년 ○월 저자 일동

목차

일본의 상징   8

제1부 일본의 의식주

I 지리
국토와 인구   16
행정구역   19
기후와 자연재해   39
교통   42

II 의복
와후쿠   46
평상복   53

III 음식
와쇼쿠   56
식기와 예절   60
대표적인 와쇼쿠 메뉴   64
외국 음식   70
현대 일본의 식사 풍경   77

IV 주거
주택의 특징   81
임대 시스템   84
집 구조   88
전통 가옥   91

제2부 일본의 전통문화

I 종교
일본인의 종교관   98
신토   100
불교   107
그리스도교와 신종교   112

Ⅱ 결혼과 장례

결혼　　　　　　　　　　116

장례　　　　　　　　　　121

Ⅲ 연중행사

봄의 행사　　　　　　　　126

여름의 행사　　　　　　　132

가을의 행사　　　　　　　141

겨울의 행사　　　　　　　144

Ⅳ 전통 예능과 예술

전통 예능　　　　　　　　154

스모　　　　　　　　　　163

우키요에　　　　　　　　171

다도와 화도　　　　　　　177

전통 악기와 전통 완구　　　180

제3부 현대 일본 사회

Ⅰ 정치와 경제

헌법과 삼권분립　　　　　188

일본의 경제　　　　　　　195

Ⅱ 학교와 직장

교육제도　　　　　　　　201

대학　　　　　　　　　　209

직장　　　　　　　　　　214

Ⅲ 오락과 예능

게임　　　　　　　　　　219

프로 스포츠　　　　　　　229

미디어 콘텐츠　　　　　　235

오와라이　　　　　　　　247

⚓ 일본의 상징

☁ 국호(国号)

　일본(日本). 니혼(にほん) 또는 닛폰(にっぽん)이라고 발음한다. 쇼토쿠타이시 (聖德太子 – 성덕태자)가 중국에 보낸 국서에서 처음 사용하였다. "해가 떠오르는 나라"라는 의미로 중국이나 한국보다 동쪽에 위치하고 있어 먼저 해가 떠오른다는 것에서 명명하였다. 영어로 Japan이라고 하는 유래는 '일본국'의 중세 중국어 발음을 마르코 폴로가 여행기에서 Zipangu라고 소개한 것이 오늘날 Japan이 되었다는 설이 유력하다.

☁ 국기(国旗)

　히노마루(日の丸). 태양의 깃발을 의미한다. 흰색에 붉은 태양을 동그라미로 그려 상징하였다. 일본 신화의 주신(主神)인 태양의 신 **아마테라스 오미카미(天照大神)**를 숭배해 온 일본인은 '해가 뜨는 나라'가 일본이라 여겼다. 그로부터 영향을 받아 만들어진 문양이 주로 신사의 깃발로 사용되

▲ 히노마루

었는데, 17세기경 에도 막부(江戸幕府)에 의해 일본을 상징하는 깃발로서 선박에 게양되기도 하였다. 1870년 일본 선박의 표시로 규정되었고, 1999년 국기국가법에 의해 정식 국기로 제정되었다.

🌥 국가(国歌)

기미가요(君が代). 노래의 가사는 작자 미상의 일본 고전시집『고킨와카슈(古今和歌集)』에 실린 와카(和歌) 중 하나를 원전으로 한다. 가사의 내용은 천황이 다스리는 시대가 영원히 계속되기를 바란다는 내용이다.

> 君が代は 千代に八千代に 細石の 巌となりて 苔のむすまで
>
> 임의 치세는 천대 팔천대까지 계속되리
> 조약돌이 큰 바위가 되고, 그 바위에 이끼가 낄 때까지

가사 중 '야치요(八千代 – 팔천대)'라는 말이 의미하는 바는 일본어의 야오야(八百屋 – 채소 가게), 나야에(八重 – 여러 겹) 등에서 알 수 있듯이 '많다', '여럿'이라는 의미로, 여기서는 오랫동안 이어질 시대를 의미한다. 1999년 국기국가법에 의해 정식으로 국가로 제정되었다. 일본 제국 또는 천황을 찬양한다는 의미가 있어서, 한국에서는 부정적인 시선도 있다.

🌥 국화(国花)

사쿠라(桜, 벚꽃)과 기쿠(菊, 국화꽃). 벚꽃은 일본 신화에도 등장할 정도로 일본인은 나라를 대표하는 꽃으로 생각하며, 예나 지금이나 매우 사랑하는 꽃이다. 사쿠라의 '사さ'는 밭의 신을 의미하는데, 벚꽃이 떨어지면 밭의 신이 땅으로 내려온다고 믿었고 그해 농사가 잘 될 것이라고 믿었다. 또 벚꽃이 피고 지는 모습이 매우 깨끗하여 흔히 무사의 인생관에 비유하기도 한다. 일본에서는 벚꽃으로 새봄을 맞이한다고 할 정도로 벚꽃을 아낀다. 벚나무 아래에서 자리를 잡고 음식을 나누어 먹으며 벚꽃을 즐

기는 **하나미(花見, 벚꽃 구경)**라는 연례행사가 있을 정도이다. 일본 국민은 벚꽃을 일본의 국화로 자연스럽게 생각하지만, 사실 정식으로 제정된 것은 아니다.

◀ 하나미(벚꽃 구경)

벚꽃과 함께 일본을 상징하는 꽃은 국화꽃이다. 노란 국화문양인 **깃카몬쇼(菊花紋章, 국화문장)**는 황실을 상징한다. 16개의 잎으로 이루어진 국화 문양을 야에기쿠(八重菊)라고 하는데, 개인이 사용하는 것은 금기시되어 있으며, 일본 여권 등에는 사용되고 있다. 또한 **기리몬(桐紋)**은 오동나무 문양으로 오동잎과 꽃을 형상화한 것이다. 오동나무는 길조인 봉황이 깃든 나무라고 하여 대나무와 함께 의복의 문양으로 많이 쓰여왔다. 도요토미 히데요시(豊臣秀吉)가 오동나무 문양을 가문의 문양으로 사용하면서 세인들이 따라하지 못하도록 금지령을 내리기도 했는데, 오동나무 문양은 국화문양과 함께 황실을 상징하는 문양으로 그 가치를 유지하고 있다.

▲ 깃카몬쇼

▲ 기리몬

🌰 국조(国鳥)

꿩. 신화나 옛날 이야기 속에서 친숙한 꿩이 1947년 국조로 지정되었다. 꿩은 **모모타로(桃太郎)** 등 일본 민화에도 등장하며 예로부터 일본인들에게 친숙하다.

▲ 꿩

🌰 천황(天皇)

천황은 7세기경 일본의 통치자를 가리키는 칭호로 최초로 사용되었다. 여자 천황도 있지만 기본적으로 부계에 의해 존속된다. 일본 고유의 신앙인 신토(神道, 신도)의 최고 사제(司祭)로서의 역할이 강조되어 왔으며, 9세기 중기 이후 명분상 지배자로서 권력의 대부분은 위임되어 왔다.

천황 일가는 일본 역사의 중심에서 일본 사회의 정체성을 대표하고 상징하는 존재로서, 일본 열도가 혼란에 빠질 때는 민족의 단합과 통합을 위한 구심점 역할을 해 왔으며, 고대 야마토(大和) 정권 이래 단일한 혈통으로 이어져 오고 있다. **메이지 시대(明治時代/1868-1912)** 이후 왕권을 부활시키자는 **왕정복고(王政復古)** 가 이루어진 후 정치 권력의 중심에 섰으나, 현

▲ 2023년 현재 재위중인 나루히토 천황

재는 상징적 역할만을 수행하고 있다. 외교적으로는 의례상 국가원수이지만 정치적 권력은 전혀 없다. 천황의 거주지는 **황거(皇居)** 로 도쿄 도심에 있다. 신년과 천황의 탄생일에는 일반 시민도 황거에 들어가 천황의 얼굴을 바라볼 수 있다.

☁ 연호(年号)

연호는 천황의 재위기간을 가리키는 명칭이며, 정식으로는 **원호(元号)**라고 한다. 근대 이후, 메이지 시대부터 **다이쇼(大正/1912－1926)**, **쇼와(昭和/1926－1989)**, **헤이세이(平成/1989－2019)**, **레이와(令和/2019～)** 순으로 시대를 구분하는 명칭으로 사용되고 있다.

아키히토(明仁) 천황이 즉위한 1989년이 헤이세이(平成) 원년이다. 아키히토 천황이 2019년 4월 30일 퇴위하면서 헤이세이 연호는 사라지고, 2019년 5월 1일 나루히토(德仁) 천황이 즉위하면서 레이와가 연호로 사용되고 있다.

'레이와(令和)'의 의미는 아름다운 사람들이 마음을 모아 문화를 피어나게 하고 키우자는 뜻으로, 문화와 자연의 나라 일본의 특색을 다음 세대로 이어나감과 동시에, 겨울의 혹독한 추위 속에서 피어나는 매화처럼, 미래에 다가올 날에 대한 희망으로 각자의 꽃을 아름답고 크게 피울 수 있는 일본이 되기를 바라는 마음을 담고 있다.

▲ 2019년 4월 1일 새로운 원호 레이와 발표

☁ 후지산(富士山)

후지산은 시즈오카현(静岡県)과 야마나시현(山梨県) 사이에 위치한 원추형의 활화산으로 해발 3,776m의 일본에서 최고로 높은 산이다. 전국에 후지미(富士見)라는 지명이 많이 있는 것에서 알 수 있듯이, 일본인은 후지산을 보기를 항상 갈망하며, 특히 꿈에 후지산이 나오는 것을 최고의 길몽으로 여긴다.

▲ 후지산

제1부

일본의 의식주

Ⅰ 지리
Ⅱ 의복
Ⅲ 음식
Ⅳ 주거

Ⅰ 지리

☁ 국토와 인구

국토

일본은 유라시아 대륙의 동쪽 끝에 위치한 섬나라이며, 북쪽으로는 러시아, 서쪽으로는 한국, 남쪽으로는 대만이 인접해 있는 태평양 북서부의 해양국이다. 일본 열도는 **홋카이도(北海道), 혼슈(本州), 시코쿠(四国), 규슈(九州)**라는 네 개의 큰 섬과 이즈제도(伊豆諸島)와 오가사와라제도(小笠原諸島), 난세이제도(南西諸島) 등 14,000여 개의 작은 섬들로 이루어져 있다.

일본의 면적은 약 37.8만㎢이며 세계에서 61번째이다. 다만 연안으로부터 200해리(약 370km)까지의 해역을 경제수역으로 하고 있어 오키노토리시마(沖ノ鳥島)과 미나미토리시마(南鳥島)등 일본 열도에서 멀리 떨어진 섬을 영유하고 있는 관계로 경제수역은 국토 면적의 10배 이상이 된다.

일본은 섬나라이자 국토의 약 73%를 산지가 차지하는 나라이기도 하다. 때문에 대륙을 가로질러 흐르는 강보다는 길이가 짧고 경사가 심하며 한꺼번에 흘러내리는 강이 많다. 따라서 장마철과 태풍이 불 때는 홍수가 나기 쉽다. 또 환태평양 화산대에 위치한 열도이기 때문에 지진이 빈번히 일어나는 등 자연재해가 자주 발생하는 지역이다.

▲ 일본 열도

인구

총무성 통계국에 의하면 일본의 인구는 2023년 현재 약 1억 2,447만 명이며 세계에서 12번째로 인구가 많은 나라이다. 1960년대의 고도성장기에 농촌에서 도시로의 인구 이동이 진행되어, 현재는 도쿄, 오사카, 나고야의 3대 도시권과 삿포로, 센다이, 후쿠오카 등의 지방 중추도시에 인구가 집중되어 있다. 한편 도시에서 떨어진 지방은 인구의 감소에 따라 일상생활을 유지할 수 없게 되는 인구과소화 문제가 심각한 사회 문제로 떠오르고 있다.

일본은 평균수명이 세계 상위 수준이지만, 길어지는 불황과 사람들의 가치관의 변화에 의해 저출산화가 진행되어, 2008년경부터 인구가 감소하는 경향을 보이고 있다. 이러한 저출산과 고령화에 의해 부족해진 노동 인구를 보충하기 위해 최근 외국인 노동자를 받아들이기 시작했는데, 외국인 노동자에 의존하는 비율이 해마다 높아지고 있다. 2023년 현재 일본 내 거주 외국인은 307만 5,213명이며 (출입국재류관리청 발표), 총 인구에서 차지하는 비중이 약 2.4%에 달한다.

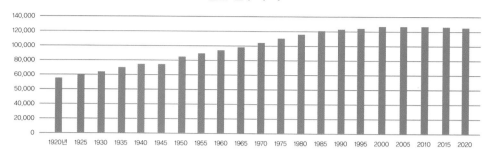

일본 인구 추이

총무성 통계국 국세조사(2020)

▲ 일본 인구 추이

····▶ **일본에서 영주권을 취득하는 방법은?**

　일본에서 외국인이 장기간 생활하기 위해서는 각종 비자(유학비자, 취업비자, 배우자 비자 등)를 취득하고 정기적으로 갱신해야 합니다. 하지만 영주권을 취득하면 이러한 번거로움에서 벗어나 자유로운 경제활동을 할 수 있게 됩니다. 일본에서 영주권을 신청하려면 다음과 같은 조건이 필요합니다.

　① 소행이 선량하다.
　② 독립적 생계를 영위하기에 충분한 자산, 또는 기능을 가진다.
　③ 영주가 일본에 국익과 일치한다고 인정된다.

(출입국재류관리청 : 영주허가에 관한 가이드라인)

　구체적으로 말하자면, ①은 벌금형, 징역형 등의 법령 위반의 유무, ②는 생활해 나갈 수 있는 수입의 유무, ③은 일본에서의 장기적인 취업 경험의 유무 등으로 검증됩니다. 영주권 신청에 필요한 체류 기간은 10년 이상이고, 그 중 일본 취업 기간이 5년 이상이어야 합니다. 최근에는 인력 확보 필요성에 따라, 추가적으로 영주 요건을 완화하고자 하는 움직임을 보이고 있습니다.

☁ 행정구역

일본의 최상위 행정구역은 1도(都) – 도쿄도(東京都), 1도(道) – 홋카이도(北海道), 2부(府) – 오사카부(大阪府)와 교토부(京都府), 기타 43현(県)으로 이루어져 있다. 이를 **도도부현(都道府県)**이라고 한다. 각 도도부현은 작은 행정 단위인 시(市), 정(町), 촌(村)으로 나눌 수 있으며, 지역 도시권을 이루는 대도시인 **정령지정도시(政令指定都市)**는 구(区)로 나뉜다. 또한 인구가 적은 정과 촌은 행정권이 없는 군(郡)에 묶이기도 한다. 편의상 일본을 **동일본(東日本)**, **서일본(西日本)**으로 나누며, 여러 도도부현을 묶어 큰 지방으로 나눈다. 각 지방은 다음과 같다. **홋카이도 지방(北海道地方)**, **도호쿠 지방(東北地方)**, **간토 지방(関東地方)**, **주부 지방(中部地方)**, **긴키 지방(近畿地方)**, **주고쿠 지방(中国地方)**, **시코쿠 지방(四国地方)**, **규슈 지방(九州地方)**의 8개 지방으로 구분된다.

▲ 일본의 지역 구분

홋카이도 지방

홋카이도(北海道)는 일본 최북단에 위치해, 혼슈(本州)에 이어 두 번째로 큰 섬으로, 일본 전체 면적의 약 20%를 차지한다. 홋카이도는 전국에서 47개 도도부현 중 유일한 **도(道)**이며, 도청 소재지는 **삿포로시(札幌市)**이다.

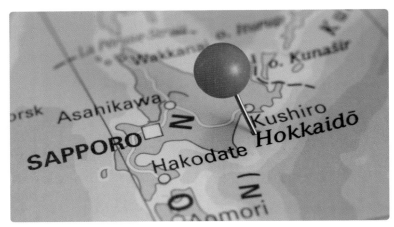

◀ 홋카이도

홋카이도의 인구는 약 511만명(2023년 국세조사)이지만, 인구밀도는 약 61명/㎢이다. 이것은 전국 평균(334명/㎢)의 5분의 1에도 미치지 못한다. 아한대 기후에 속해있는 관계로 겨울이 길고, 연평균 기온은 6~10도 정도이며 기후는 서늘하다. 하지만 장마가 없고 태풍의 피해도 적어서 여름에는 쾌적하게 지낼 수 있다. 홋카이도는 원주민인 **아이누(アイヌ)** 민족이 살던 지역이었지만, 점차 일본인이 다수 이주하면서 메이지 시대(明治時代/1868 – 1912)에 대규모 개척이 이루어졌다. 이 지방에서는 다이세쓰잔(大雪山)과 도카치다케(十勝岳)를 비롯한 웅대한 산악과 광대한 초원, 호수 등 대규모의 자연 경관을 즐길 수 있으며, 2005년에는 시레토코(知床)가 일본에서는 세 번째로 유네스코 세계자연유산에 등재되었다.

▲ 아이누 민족

홋카이도에서는 넓은 경작지를 활용한 농업이 발달되고, 감자, 옥수수, 밀 등 많은 농산물이 재배되고 있다. 북동부는 일본을 대표하는 낙농지대로 젖소 사육이 유명하다. 금년 벼농사도 품종 개량이나 객토를 이용함으로써 쌀 생산량이 늘어나, 전국에서 니가타현에 이어 쌀 생산량 2위를 차지하고 있다. 홋카이도와 혼슈 사이에는 **쓰가루 해협(津軽海峡)**이 있으며, 1988년에 일본에서 가장 긴 해저터널인 **세이칸 터널(青函トンネル)**이 개통되면서 홋카이도와 혼슈가 전철로 연결되었다.

▲ 세이칸 터널

매년 2월에 삿포로시에서 열리는 **삿포로 유키마쓰리(さっぽろ雪まつり - 삿포로 눈 축제)**에서는 눈으로 만든 다양한 조각 작품을 구경할 수 있다.

▲ 삿포로 유키 마쓰리

홋카이도를 대표하는 향토요리로 양고기를 전용 냄비로 굽는 **징기스칸(ジンギスカン)**이 유명하고, 여행 기념물로는 랑드샤 쿠키인 '**시로이 고이비토(白い恋人び - 하얀 연인)**'가 인기가 많다.

▲ 징기스칸

▲ 시로이 고이비토

도호쿠 지방

혼슈 동북부에 위치한 도호쿠 지방은 **아오모리현(靑森県)**, **이와테현(岩手県)**, **미야기현(宮城県)**, **아키타현(秋田県)**, **야마가타현(山形県)**, **후쿠시마현(福島県)** 6개 현으로 이루어져 있다. 도호쿠 지방의 면적은 전국의 약 18%를 차지하지만, 인구는 약 835만명(2023년 국세청 조사)이며, 홋카이도와 마찬가지로 인구 밀도가 낮다. 중심 도시는 정령지정도시인 미야기현의 현청 소재지인 **센다이시(仙台市)**다.

◀ 도호쿠 지방

도호쿠 지방의 중앙에는 오우산맥(奥羽山脈)이 남북으로 뻗어 있고, 그 동쪽은 태평양 쪽, 서쪽은 동해 쪽으로 구분된다. 동해 쪽은 대륙에서 불어오는 계절풍의 영향으로 눈이 내리는 날이 많아 일조량이 적다. 한편, 태평양 쪽은 계절풍이 오우산맥을 넘을 때, 공기 중의 습도가 낮아지기 때문에 맑은 날이 많다. 이 지방은 예로부터 일본 중앙에서 떨어져 있었던 탓에 공업 개발이 더디었으며, 대신 농업이 발달하여 논 경지 면적이 전국의 24%를 차지하는 등 일본의 곡창지대를 형성하고 있다. 과일 재배도 널

리 이루어지고 있으며, 특히 아오모리현의 **사과(りんご)**가 전국적으로 유명하다. 태평양 쪽에는 어항으로 적합한 산리쿠 해안(三陸海岸)이 남북으로 뻗어 있으며, 만내에서는 미역, 다시마, 굴 등의 양식 산업이 활발하다.

▲ 아오모리 사과

▲ 산리쿠 해안

센다이 앞바다의 크고 작은 약 260개 섬들로 이루어진 **마쓰시마(松島)**는 그 경관이 매우 아름다워 일본을 대표하는 아름다운 풍경인 **일본삼경(日本三景)** 중 하나로 꼽힌다.

◀ 마쓰시마

간토 지방

간토 지방은 일본의 정치, 경제, 문화의 중심지역으로서, **도쿄도(東京都)**, **이바라키현(茨城県)**, **도치기현(栃木県)**, **군마현(群馬県)**, **사이타마현(埼玉県)**, **지바현(千葉県)**, **가나가와현(神奈川県)**의 1도, 6현으로 이루어져 있다. 일반적으로 '도쿄' 하면 도쿄도를 가리키는 경우와 중심부인 **도쿄 23구(東京23区)**를 가리키는 경우가 있다. 도쿄 23구는 정식으로는 도쿄도구부(東京都区部)라고 하며, 23개 특별부로 이루어져 하나의 도시처럼 취급되지만 행정적으로 독립되어 있다. 간토 지방에는 도쿄 23구, 가나가와현의 **요코하마시(横浜市)**와 **가와사키시(川崎市)**, 사이타마현의 **사이타마시(埼玉市)** 등 4개 대도시가 수도권을 이루고 있다. 인구는 약 4,351만 명(2023년 국세청 조사)에 달해, 일본 전체 인구의 3분의 1이 이 지역에 거주하고 있다.

◀ 간토 지방

중심부에는 일본에서 가장 큰 **간토평야(関東平野)**가 펼쳐져 있고, 그 중앙에는 유역면적이 일본에서 가장 넓은 강인 **도네가와(利根川)**가 흐르고 있다.

일본 경제의 중심지인 이 지역은 공업이 발달해, 도쿄에서 요코하마에 걸쳐서 펼쳐진 **게이힌 공업지대(京浜工業地帯)**에서는 철강, 석유화학제품 등이 생산되고 있다. 또, 이 지역에는 일본 최대 공항인 지바현의 **나리타 국제공항(成田国際空港)**과 도쿄의 **도쿄 국제공항(東京国際空港)**이 있으며, 국내외에서 많은 관광객들이 찾아온다. 관광지로 일본에서 가장 높은 건축물이자 세계에서 가장 높은 전파탑인 도쿄도의 **도**

쿄 스카이트리(東京スカイツリー), 일본 최대 테마파크인 지바현의 **도쿄 디즈니랜드**(東京ディズニーランド), 에도 막부(江戸幕府)를 연 쇼군(将軍 – 장군) 도쿠가와 이에야스(徳川家康)를 주신으로 모시는 진자(神社 – 신사)인 도치기현의 닛코 도쇼구(日光東照宮) 등이 있다. 가나가와현의 **하코네 온천**(箱根温泉)이나 군마현의 구사쓰 온천(草津温泉) 등 유명한 온천지도 많다. 또한, 이바라키현은 일본의 소울푸드라고도 여겨지는 **낫토**(納豆 - 청국장과 비슷한 콩 발효 식품)의 산지로 유명하다.

▲ 나리타 국제공항

▲ 도쿄 스카이트리

▲ 도쿄 디즈니랜드

▲ 닛코 도쇼구

▲ 하코네 온천

▲ 낫토

주부 지방

주부 지방은 혼슈 중앙부에 위치한 지역으로 총 면적은 도호쿠 지방과 비슷하다. 동해에 접한 호쿠리쿠 지방(北陸地方)에 속하는 도야마현(富山県), 이시카와현(石川県), 후쿠이현(福井県), 내륙부를 중심으로 한 고신에쓰 지방(甲信越地方)에 속하는 니가타현(新潟県), 야마나시현(山梨県), 나가노현(長野県), 주로 태평양에 접한 도카이 지방(東海地方)에 속하는 기후현(岐阜県), 시즈오카현(静岡県), 아이치현(愛知県) 9개 현이 있다. 이를 통틀어 주부 지방이라고 부른다. 중심 도시는 아이치현의 현청 소재지인 나고야시(名古屋市)다. 아이치현과 경제적인 관계가 깊은 미에현(三重県)을 도카이 지방이나 주부 지방에 포함하는 경우도 있다.

◀ 주부 지방

내륙부에는 해발 3,000m 급의 산들이 줄지어 있는 히다 산맥(飛驒山脈), 기소 산맥(木曽山脈), 아카이시 산맥(赤石山脈)이 있으며, 이를 통틀어 '일본 알프스(日本アルプス)', '일본의 지붕(日本の屋根)'이라고 부른다. 일본에서 가장 높은 산인 후지산(富士山)은 내륙인 야마나시현과 태평양 쪽 시즈오카현의 경계에 위치한다. 산들

사이에서는 일본에서 가장 긴 강인 **시나노가와(信濃川)**를 비롯한 큰 강이 흐른다.

호쿠리쿠 지방은 벼농사 지대이며, 특히 에치고 평야(越後平野)가 펼쳐진 니가타현은 쌀(米) 생산량이 전국 1위이며, 특히 쌀 브랜드 '고시히카리(こしひかり)'는 세계적으로도 유명하다. 또한 시즈오카현은 녹차(お茶)의 산지로 유명하다.

아이치현 나고야시를 중심으로 3대 도시권의 하나인 나고야 도시권이 형성되어 있으며, 이 지역에 형성된 **주쿄 공업지대(中京工業地帯)**는 자동차 산업이 발달했고, 아이치현 도요타시(豊田市)에 본사를 둔 **도요타 자동차(トヨタ自動車)**는 세계적인 기업으로 알려져 있다.

◀ 도요타 자동차

기후현 북서부의 위치한 마을 **시라카와고(白川郷)**와 도야마현 남서부에 위치한 고카야마(五箇山)는 **갓쇼즈쿠리(合掌造り)**를 건축 양식으로 하는 집들이 모여 있는 경관이 아름다운 곳이며, 1995년에 유네스코 세계문화유산으로 등록되었다. 갓쇼즈쿠리는 경사가 심한 억새 지붕이 특징이다.

▲ 시라카와고와 갓쇼즈쿠리

나고야는 맛있는 음식들이 유명하며, 미소카쓰(味噌カツ – 된장 돈가스), 미소니코미우동(味噌煮込みうどん – 푹 끓인 된장우동), 데바사키(手羽先 – 닭날개), 히쓰마부시(ひつまぶし – 잘게 썬 장어덮밥), 기시멘(きしめん – 칼국수처럼 납작한 면), 덴무스(天むす – 새우튀김 주먹밥) 등 그 종류도 다양하다. 이러한 나고야의 다양한 음식들을 통틀어 **나고야메시(名古屋めし)**라고 부른다.

▲ 나고야메시

긴키 지방

긴키 지방은 혼슈 중서부에 위치한 지역이며, **교토부(京都府)**, **오사카부(大阪府)**, **미에현(三重県)**, **시가현(滋賀県)**, **효고현(兵庫県)**, **나라현(奈良県)**, **와카야마현(和歌山県)**의 2부 5현으로 이루어져 있다. 이를 통틀어 간사이 지방**(関西地方)**이라고도 부르는데, 이때 아이치현과 경제적인 관계가 깊은 미에현은 간사이에 포함되지 않고, 아이치현, 기후현과 함께 도카이 지방에 속하게 된다. 고대에는 나라가, 헤이안 시대(平安時代 / 794 – 1185) 이후에는 교토가 일본의 수도였기 때문에 긴키 지방은 과거 정치, 경제, 문화의 중심지였다. 긴키(近畿)란 '기나이(畿内)에 가깝다'는 뜻이고, 기나이는 수도권을 가리킨다. 현대에 있어도 서일본 경제의 중심지이며, 인구는 약 2,200만 명으로 간토 지방에 이어 두 번째로 많다. **오사카시(大阪市)**, **고베시(神戸市)**, **교토시(京都市)**를 중심으로 **게이한신(京阪神)** 대도시권을 이루고 있다.

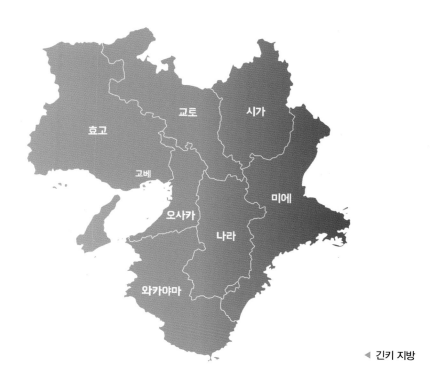

◀ 긴키 지방

긴키 지방 북부에는 일본 최대의 호수 **비와호(琵琶湖)**가 있다. 거기에서 요도가와(淀川)가 오사카 쪽으로 흐르고 있으며, 해당 유역의 인구는 서일본 중에서 가장 많다.

▲ 비와호

오사카부로부터 효고현 코베시에 걸쳐 **한신 공업지대(阪神工業地帯)**가 펼쳐져 있다. 오사카는 에도 시대에 '**천하의 부엌(天下の台所)**'라고 불리는 상업도시였던 관계로 현재까지 도매업을 중심으로 발전해 왔다.

교토시(京都市)는 과거 1,000년 이상 일본의 수도였으며, 국보급 건축물이나 문화재를 많이 보유하고 있다. 교토 시내에 있는 **기요미즈데라(清水寺 - 청수사)**와 **킨카쿠지(金閣寺 - 금각사)**, 후시미이나리 다이샤(伏見稲荷大社) 등은 국내외에서 관광객이 많이 찾아가는 대표적인 관광지로 꼽힌다. 그리고 교토부 북부의 만구 사주인 **아마노 하시다테(天橋立)**는 땅과 하늘을 잇는 다리처럼 보이는 경관이 아름다워 일본 3경 중 하나로 꼽힌다.

▲ 기요미즈데라

▲ 킨카쿠지

◀ 아마노 하시다테

또한, 1992년에 일본에서 최초로 세계 문화유산에 등록된 나라현의 사찰 **호류지(法隆寺 - 법륭사)**와 효고현의 **히메지성(姫路城)**이 있다. **오사카 시(大阪市)**에는 인기 테마파크인 유니버설 스튜디오 재팬(ユニバーサル・スタジオ・ジャパン /USJ)이 있으며, 긴키 지방은 세계에서도 손꼽히는 관광 지역이 되고 있다.

▲ 유니버설 스튜디오 재팬(USJ)

와카야마현은 매실(梅)의 산지로 유명하며, 낫토와 함께 일본의 소울푸드로 유명한 **우메보시(梅干し-소금에 절인 매실을 말린 것)**를 많이 생산하고 있다. 또한 와카야마현은 귤(みかん)의 산지로도 유명하다.

▲ 우메보시

주고쿠 지방

주고쿠 지방은 혼슈의 최서단에 있으며, 긴키 지방과 규슈 지방 사이에 위치하고 있다. 중앙에 있는 주고쿠 산지(中国山地)를 경계로 북쪽을 산인 지방(山陰地方)이라고도 부르며, **돗토리현(鳥取県)**과 **시마네현(島根県)**, **야마구치현(山口県)** 북부가 포함된다. 남쪽은 산요 지방(山陽山地)이라고 부르며, **오카야마현(岡山県)**과 **히로시마현(広島県)**, **야마구치현(山口県)**이 포함된다.

◀ 주고쿠 지방

공업은 산요 지방의 **세토나이카이(瀨戶內海 - 세토 내해)** 연안에 발달해있는데, 이 지역을 세토우치 공업지역(瀨戶內工業地域)이라고 부른다. 이로 인해 인구는 산요 지방에 집중되어 있다.

히로시마현의 **히로시마시(広島市)**는 주고쿠 지방의 중심도시이며 태평양전쟁 말기에 세계 최초로 원폭이 투하된 곳으로 유명하며, **원폭돔(原爆ドーム)**은 평화를 호소하는 거점으로 유네스코 세계문화유산에 등록되었다. 히로시마현의 또 다른 세계문화유산인 **미야지마(宮**

▲ 원폭돔

島)의 이쓰쿠시마 진자(厳島神社 - 이쓰쿠시마 신사)는 바다 위에 지어진 경관이 아름다워 일본 3경 중 하나로 꼽힌다.

▲ 미야지마의 이쓰쿠시마 진자

시코쿠 지방

일본의 주요 4개 섬 가운데 가장 작은 시코쿠는 세토나이카이를 사이에 두고 긴키 지방의 서쪽, 주고쿠 지방의 남쪽에 위치하고 있다. 이 섬 전체가 시코쿠 지방으로 **도쿠시마현(德島県)**, **가가와현(香川県)**, **에히메현(愛媛県)**, **고치현(高知県)**의 4개 현이 있다.

◀ 시코쿠 지방

혼슈와 시코쿠를 왕래하기 위한 교통편은 예전에는 선박밖에 없었으나, **혼슈-시코쿠 연락교(本州四国連絡橋)**의 개통과 함께 이동시간이 단축되었고 혼슈와 시코쿠의 경제적 관계가 깊어졌다. 혼슈-시코쿠 연락교는 혼슈와 시코쿠를 연결하는 다리로, 1988년 오카야마현과 가가와현을 연결하는 **세토 오하시(瀨戶大橋-세토 대교)**를 시작으로, 1998년에 효고현과 도쿠시마현을

▲ 세토 오하시

연결하는 아카시 가이쿄 오하시(明石海峡大橋 – 아카시해협 대교), 1999년에 히로시마현과 에히메현을 연결하는 세토우치 시마나미 가이도(瀬戸内しまなみ海道 – 세토우치 시마나미 해도)가 개통되어 현재 세 가지 경로가 있다.

기후는 온난하지만 입지상 다른 지방에 비해 개발이 더디며, 눈에 띄는 산업은 없다. 인구도 약 363만 명(2022년 국세 조사)이며, 전국에서 가장 적은 지역이다.

다만, 지역의 특성을 살린 특산품이 각 지역에 있다. 밀, 소금, 간장의 산지인 가가와현은 쫄깃한 면발이 특징적인 **사누키 우동(讃岐う)**의 본고장으로 널리 알려져 있다. 가가와하면 우동이라는 이미지가 있어 가가와현은 '우동현(うどん県)'이라고 홍보하기도 한다. 온난하고 일조시간이 길며 구릉지가 많은 에히메현에서는 **귤(みかん)**을 비롯한 감귤류의 산지로 유명하다. 태평양에 접하여 어업이 활발한 고치현은 에도 막부(江戸幕府)를 무너뜨리고 일본 근대화를 추진한 **메이지 유신(明治維新)**의 중심인물인 **사카모토 료마(坂本龍馬)**의 고향이기도 하다.

▲ 사누키 우동

▲ 시카모토 료마

규슈 지방

규슈 지방은 일본 남서단에 위치하며, 북쪽으로는 한국, 남서쪽으로는 중국, 대만과 가깝다. 주요 4개 섬의 하나인 규슈에 **후쿠오카현(福岡県)**, **사가현(佐賀県)**, **나가사키현(長崎県)**, **구마모토현(熊本県)**, **오이타현(大分県)**, **미야자키현(宮崎県)**, **가고시마현(鹿児島県)**이 있고, 이를 규슈 지방이라 할 때도 있고, 최남단 난세이 제도(南西諸島)의 섬들로 이루어진 **오키나와현(沖縄県)**을 포함한 8개 현을 규슈 지방이라 할 때도 있다. 오키나와현까지 포함할 때는 '규슈 · 오키나와 지방'이라고 부르는 경우가 많다. 규슈는 주요 4개 섬 가운데 면적 규모가 세 번째로, 홋카이도의 반 정도지만, 인구는 오키나와를 제외해도 약 1,257만명(2023년 국세청 조사)으로 홋카이도의 두 배 이상이다.

◀ **규슈 지방**

규슈 지방은 북부에 쓰쿠시산지(筑紫山地), 남부에 규슈산지(九州山地)가 자리 잡고 있으며, 나가사키현의 운젠다케(雲仙岳)와 구마모토현의 아소산(阿蘇山), 가고시마현의 사쿠라지마(桜島) 등 활발한 활화산이 많은 지역으로 유명하다. 화산활동이 활발한 지역 특성상, 오이타현의 **벳푸 온천(別府温泉)**과 유후인 온천(由布院温泉), 구마모토현의 구로카와 온천(黒川温泉) 등 규슈 각지에는 온천지가 산재해 있다.

◀ 벳푸 온천

공업은 이 지방의 중추도시 **후쿠오카시(福岡市)**가 있는 규슈 북부를 중심으로 발전하고 있다. **기타큐슈 공업지대(北九州工業地帯)**에서는 철강, 석탄 등의 소재산업, 나가사키현에서는 조선업이 활발하다. 최근에는 IT산업, 자동차 산업에 연이어 진출하여, 규슈는 '**실리콘 아일랜드(シリコンアイランド)**' 또는 '**카 아일랜드(カーアイランド)**'라고 불리고 있다.

오키나와현의 오키나와 본도(沖縄本島)와 그 주변 섬들은 1879년 일본에 편입되기 전까지 **류큐왕국(琉球王国-유구왕국)**이라는 독립국이었으며, 독자적으로 경제와 문화가 발전된 지방이다. 최근에는 남국의 섬이라는 지역 특성상 관광업이 주요 산업이 되었으며, 국내외에서 많은 관광객이 찾아온다. 류큐왕국의 궁전인 **슈리성(首里城-수리성)**도 인기가 많은 관광명소지만, 2019년에 화재로 인하여 정전

▲ 오키나와의 해안

<ruby>(正殿)<rt>せいでん</rt></ruby> 등 많은 주요 건물이 소실됐다. 현재 재건 작업이 진행중이며 2026년에 완성될 예정이다.

◀ 소실 전의 슈리성

오키나와현과 오키나와에 가까운 가고시마현의 아마미 군도<ruby>(奄美群島)<rt>あまみぐんとう</rt></ruby>에서는 **사탕수수(さとうきび)** 생산이 활발하며 관광 기념품으로 사탕수수의 설탕을 이용한 과자 등이 인기가 많다.

◀ 오키나와의 사탕수수밭

···▶ '오키니(おおきに)'가 뭐예요?

일본은 에도 시대까지 오랫동안 각 지방의 영주가 각 지역을 지배하고 독자적으로 정책을 펼쳤기 때문에, 각 지역의 특색에 맞게 문화와 산업이 발전했습니다. 이러한 체제 하에서 각 지역마다 독특한 방언이 생기며, 같은 인사라도 지역마다 전혀 다른 경우가 있습니다.

예를 들어, '고맙다'를 의미하는 '아리가토(ありがとう)'는 간사이 지방에서는 '오키니(おおきに)', 호쿠리쿠 지방에서는 '기노도쿠나(きのどくな)', 시마네현이나 에히메현에서는 '단단(だんだん)', 오키나와에서는 '니훼데비루(にふぇーでーびる)'라고 합니다. 단, 오키나와의 경우 류큐왕국에서 사용되었던 류큐어라는 독립된 언어로 보는 견해도 있어 단순히 방언이라고 볼 수는 없습니다.

현대에서는 정부의 언어 정책이나 학교 교육, 매체의 영향으로 인하여 도쿄 방언이 표준어로 통용되어, 의사소통이 되지 않는 경우는 거의 없지만, 지역에 따라서는 어르신들과 대화할 때 어려움을 겪는 경우가 있다고 합니다.

☁ 기후와 자연재해

각 지역의 기후

일본은 혼슈 북부와 홋카이도를 제외하고 대부분 온대 기후에 속해, 한국처럼 사계절이 뚜렷하다. 국토가 남북으로 길기 때문에 북쪽과 남쪽의 기온차가 크고, 지역에 따라 계절풍과 해류의 영향을 받으며, 장마가 있고 태풍이 자주 지나간다. 계절풍은 여름과 겨울에 부는 방향이 다르며, 강수량에 영향을 준다. 난류가 흐르는 지역은 비교적 따뜻하다. 이러한 특징들을 정리하면, 일본 기후는 겨울 추위가 심한 **홋카이도 기후(北海道の気候)**, 남동쪽 계절풍의 영향으로 여름에 비가 많은 **태평양측 기후(太平洋側の気候)**, 북서쪽 계절풍의 영향으로 겨울에 눈이 많은 **동해측 기후(日本海側の気候)**, 여름과 겨울의 기온차가 큰 **중앙 고지 기후(中央高地の気候)**, 일년 내내 강수량이 적고 온난한 **세토우치 기후(瀬戸内の気候)**, 일년 내내 기온이 높은 **난세이제도 기후(南西諸島の気候)** 6가지로 나뉜다.

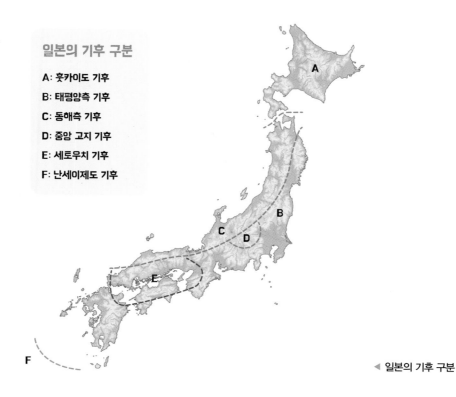

일본의 기후 구분

A: 홋카이도 기후
B: 태평양측 기후
C: 동해측 기후
D: 중앙 고지 기후
E: 세토우치 기후
F: 난세이제도 기후

◀ 일본의 기후 구분

자연재해

일본은 지리적 조건으로 인해, 자연재해를 입기 쉽다. 북대서양 남부에서 발생하는 열대성 저기압이 발달하여 연평균 27개의 태풍이 찾아온다. 많은 해에는 10개의 태풍이 일본에 상륙해, 강풍과 호우, 홍수로 막대한 피해를 주고 있다. 태풍이 자주 통과하는 지역은 **태풍 긴자(台風銀座)**로 불리며, 주로 규슈, 시코쿠, 긴키 지방 남부를 가리킨다. 1959년의 이세만 태풍(伊勢湾台風)은 5,000명 이상의 인명 피해를 입혔다.

일본 열도는 환태평양 활화산대 위에 위치해 있으며, 화산활동이 활발하고, 2014년에는 온타케산(御嶽山) 분화로 63명의 인명 피해를 입었다.

일본은 지진이 빈번히 일어나는 것으로도 유명한데, 그 주된 원인은 일본 주변에는 판(플레이트)이 존재하기 때문이다. 지구의 표면은 십여 장의 판으로 덮여 있고, 각각 다른 방향을 향해 연간 수 cm의 속도로 움직이고 있다. 판과 판 사이에는 압력이 항상 가해지고 있고, 그 압력이 한계에 이르면, 두 판의 경계 부분이 깨지면서 지표를 뒤흔드는 지진이 발생한다. 4개의 판으로 둘러싸인 일본은 그러한 환경으로 인해 지진 다발지대가 되었다.

관측 사상 최대의 피해를 가져온 지진은 1923년 9월 1일에 발생한 **간토 대지진(関東大震災)**이며, 사망자 및 실종자가 약 14만명 이상, 이재민은 340만명을 넘는 대재앙을 가져왔다. 1995년 1월 17일에 발생한 **한신·아와지 대지진(阪神·淡路大震災)**은 고베시를 중심으로 긴키 지방에서 사망자와 실종자 6,000명 이상의

▲ 한신·아와지 대지진 피해 25주년 추모 현장

인명 피해를 초래했다. 이 지진으로 건물은 무너지고, 도로, 가스, 수도 등의 라이프라인이 끊기며, 주민들은 장기간 대피소에서 생활해야 했다. 2011년 3월 11일에 도호쿠 지방에서 간토 지방에 걸쳐 광범위하게 발생한 **동일본 대지진(東日本大震災)**은 쓰나

◀ 일본 내 반핵 시위 현장

미(津波)로 인해 막대한 피해를 입었으며, 재해 관련 사망을 포함하면, 2만 2천명이 넘는 인명피해가 발생했다. 이 지진으로 인하여 발생한 **후쿠시마 원전 사고(福島第一 原子力発電所事故)**의 뒤처리가 계속 사회적 문제가 되고 있고, 많은 주민들이 방사능 오염 때문에 귀향하지 못하고 있다.

콩알지식

⋯ '방재용품(防災グッズ)'이란?

자연재해가 많은 일본에서는 재해 발생시 일시적으로 대피소로 대피해야 할 가능성이 있기 때문에, 방재용품이 필수품입니다.

방재용품이란 목장갑, 헬멧 등 안전용품, 휴대용 라디오와 스마트폰 충전기 등 정보 수집 기기, 상비약, 반창고 등 의료용품, 담요와 물티슈 등 생활용품, 물, 통조림 등 비상용 식료품을 가리킵니다. 비상시에 언제든지 꺼낼 수 있도록 가방에 보관하는 것이 바람직합니다.

참고로 지진 발생 시, 대피소 화장실을 사용할 수 없게 되는 경우가 많은데, 위생적인 측면을 고려해, 휴대용 간이 화장실도 준비해두면 큰 도움이 될 것입니다.

▲ 방재용품

☁ 교통

철도

일본의 철도는 이전에는 국유 철도였던 **JR그룹**과 민간 기업이 운영하는 **시테쓰**(**私鉄 ‒ 사철**) 그리고 공영 지하철 등이 있다. 철도가 국내 교통기관 전체에서 차지하는 점유율은 약 27%, 연간 여객 수송인원은 약 25억명으로 세계 최고 수준이다.

▲ JR

▲ 일본 사철 중 하나인 오다큐선 전철

일본에서 철도가 발달한 이유는 일본이 근대화 과정에 있어서 국책으로 도로보다 대량 수송능력이 뛰어난 철도의 부설을 우선시했기 때문이다. 도쿄에서는 철도 개통과 함께 주변 시가지가 확장되면서, 교외 주택에서 도심 직장으로 통근하는 생활 방식이 정착하기에 이르렀다. 도시의 철도는 대체로 수송밀도가 높기 때문에, 아침의 가

▲ 도쿄의 러시아워

혹한 통근 러쉬아워가 문제가 되고 있으며, 그 모습이 타국에 보도되기도 한다. 하지만 시간의 정확성과 안전성은 세계적으로도 높은 평가를 받고 있다.

대도시에서는 전철과 함께 지하철과 모노레일 노선이 정비되어 있고, 도시간 장거

리 이동은 주로 **특급열차(特急列車)**와 고속철도인 **신칸센(新幹線 – 신간선)**이 이용되고 있다. 도쿄 – 하카타(후쿠오카) 간의 가장 빠른 열차인 **노조미(のぞみ)**를 타면, 도쿄에서 오사카까지 2시간 30분만에 이동할 수 있다.

◀ 신칸센 노조미

항공편

일본의 항공편은 플래그 캐리어인 **일본항공(日本航空 – JAL)**과 **전일본공수(日本航空輸 – ANA)**, 나중에 일본항공에 흡수합병된 일본에어시스템(日本エアシステム – JAS)의 3사 체제가 오랫동안 계속 되었고, 운임도 철도와 비교해 비쌌다. 그러나 2000년 항공법 개정에 따른 규제 완화로 새 항공사들이 속속 탄생했다. 2012년부터는 새롭게 저가 항공사(LCC)가 시장에 진출 하였으며, 2020년도에는 25사까지 늘어났다. 회사의 경쟁이 격화됨에 따라 항공 요금이 저렴해지면서 비행기 이용자는 해마다 증가하였다. 그러나 2020년부터 코로나19 유행에 의해 승객이 크게 감소한 탓에 경영 위기에 직면해 있는 회사도 있다.

일본은 해외에 비해 국토 면적당 공항 수가 많고, 활주로 수, 길이, 터미널 크기 등 규모가 작은 것이 특징이다. 운영주체도 공항에 따라 다르며, **나리타 국제공항(成田国際空港)**이나 **간사이 국제공항(関西国際空港)** 등은 회사가 관리하고, 도쿄 국제공항(東京国際空港)이나 후쿠오카 공항(福岡空港) 등은 국가에 의해 설치·관리되고 있다.

▲ 일본항공(JAL)

▲ 전일본공수(ANA)

◀ 간사이 국제공항

자동차

전후 고도성장기에 들어, 대도시 간을 잇는 간선고속도로와 대도시 내 도시고속도로 건설이 본격적으로 시작됐다. 1965년에는 나고야와 오사카·효고를 잇는 **메이신 고속도로(名神高速道路)**가, 1969년에는 도쿄와 나고야(아이치)를 잇는 **도메이 고속도로(東名高速道路)**가 개통되며 전국에 파급되었다. 그 결과, 철도 수송에 의존했던 기존 상황에 비하여 트럭, 버스 등에 의한 인력, 화물수송 이용이 늘어났다.

◀ 도메이 고속도로

　일본에는 현재 **도요타 자동차(トヨタ自動車) 혼다(ホンダ)**를 비롯하여, 닛산 자동차(日産自動車), 스즈키(スズキ) 등 8개 승용차 회사가 있으며 자동차 보유 대수는 미국, 중국에 이어 세계 제3위이다. 다만 고유가와 교통체증 때문에 도시에서는 전철, 지하철, 버스 등 대중교통을 이용하는 사람이 많다. 한편, 대중교통이 불편한 지방에서는 자동차가 필수품이 되고 있다. 가구당 자동차 보급 대수도 해마다 증가세를 보이며 한때는 가구당 1.1대가 넘었으나 최근에는 약간 감소 경향에 있으며, 2022년에는 가구당 1.032대가 되었다. 최근에는 탈탄소 사회를 이루기 위해 일본 정부는 2035년까지 휘발유차 판매를 금지하고, 신차 판매는 모두 전기차(EV)로 전환하는 것을 발표하였다.

▲ 도요타의 전기차 bZ4X

▲ 혼다의 전기차 혼다 e

[참고문헌]
出入国在留管理庁 (출입국재류관리청) 사이트, https://www.moj.go.jp/isa

II 의복

와후쿠(和服)

기모노(着物)는 헤이안 시대(平安時代 / 794 – 1185) 귀족들의 정장 속옷이 점차 변화한 것으로 에도 시대(江戸時代 / 1603 – 1868)에 이르러 정장과 같은 복장이 되었고, 서양 의복에 대한 일본 전통 의복이라는 의미에서 **와후쿠(和服)**라고 한다. **주니히토에(十二単)**는 일본의 전통 여성 복식의 일종으로, 헤이안 시대 후기의 궁중 여관(宮中女官 – 궁녀) 및 황족과 귀족 부인들의 정장 겸 대례복이다. 옷을 여러겹 겹쳐 입는 옷으로 8겹에서 신분이 높아질수록 25겹까지 입었던 것으로 알려져 있다. 기모노의 원형인 **고소데(小袖)**는 나라 시대(奈良時代 / 710 – 794)부터 속옷으로 사용되다 16세기 중반부터는 일상적으로 착용하는 윗옷이 되었다. 고소데가 기모노처럼 된 것은 18세기 이후의 일이다.

▲ 쥬니히토에

한편, 남성 귀족의 예복인 **소쿠타이(束帯)**는 헐렁한 속바지(下袴)를 뻣뻣하게 해서 크게 보이게 하는 겉바지(表袴)와 겹겹이 길고 풍성한 겉옷 등으로 구성되어 있다.

기모노는 일반적으로 일본의 전통의상을 나타낸다. 현대 일본인이 기모노를 입는 날은 주로 쇼가쓰(正月 – 설날), 시치고산(七五三), 성인식, 졸업식, 결혼식 등과 같은 행사나 의식 혹은 전통예술에 참가하는 경우이다.

콩알지식

⋯▸ 와후쿠의 '와'란?

'와후쿠'의 '와(和)'는 일본을 의미하는 말입니다. 현대 황실까지 이어지는 고대 일본을 지배했던 '야마토 정권'의 '야마토(大和)'는 큰 '와'라고 씁니다. '와'를 '倭'라고도 썼는데, 한국에서 일본을 낮잡아 말할 때 사용되는 '왜'라는 말은 이에 유래된 것입니다.

'와'는 '와후쿠' 외에도 '와시키(和式 – 일본식)', '와세이(和製 – 일본제)', '와쇼쿠(和食 – 일본 음식, 요리)', '와시쓰(和室 – 일본식 방)', '와가시(和菓子 – 화과자, 일본식 과자)', '와규(和牛 – 일본의 소고기 브랜드)', '와고(和語 – 순일본말)', '와가라(和柄 – 일본식 무늬)' 등 다양하게 쓰입니다. 일본문화와 서양문화를 대립시킬 때는 서양을 '요(洋 – 양)'라고 쓰고 '요시키(洋式 – 서양식)', '요쇼쿠(洋食 – 서양 음식, 요리)', '와요(和洋 – 일본과 서양)' 등으로 사용됩니다.

▲ 와가시(화과자)

또한 '和' 자는 남녀 상관없이 사람 이름에 많이 사용되고, '야마토'는 남자 이름이나, 기업명, 상품명 등 다양하게 사용됩니다.

▲ 와가라(일본식 무늬)

▲ 일본 대표 배송업체 '구로네코 야마토의 택급편'

도메소데와 후리소데

도메소데(留袖)는 소맷자락이 짧은 옷으로, 주로 결혼식이나 피로연에서 신랑·신부의 부모님과 친족 중 기혼 여성들이 착용한다. **후리소데(振袖)**는 소맷자락이 길고 화려한 기모노로 미혼 여성이 입는 예복이다. 예복으로 입는 기모노는 기모노 가운데서도 가장 화려하며 성인식, 사은회, 결혼식에 입는다.

▲ 구로(흑)도메소데

◀ 후리소데

하오리와 하카마

남성 기모노는 화려한 여성 기모노에 비해 단순하며 검정색 계통이 많다. 여성에 비해 기모노 착용 빈도가 낮고, 주로 결혼식이나 다도, 공식적인 행사가 있을 때 입는다. 공식적인 자리에서 기모노 위에 윗도리인 **하오리(羽織)**와 아랫도리인 **하카마(袴)**를 입는다.

▲ 남성 기모노 – 하오리와 하카마

핫피

핫피(法被)는 일본 전통 의상으로, 주로 마쓰리(축제) 참가자들이나 장인들이 착용하는 간편한 윗도리이다. '핫피'라는 말은 고대 일본의 최고 정장인 소쿠타이를 입을 때 윗옷인 '호(袍)'의 안쪽에 착용한 조끼인 한피(半臂)에서 유래했다고 한다. 쪽색이나 갈색 무명으로 만들며, 옷깃에 옥호나 상표 등을 염색한다. 핫피는 소매에서 가슴에 걸쳐 세로로 문자를 넣어 그 사람의

▲ 핫피

소속이나 이름, 의사를 표현할 수 있다. 최근엔 축제뿐만 아니라 스포츠 응원 시, 백화점 할인판매 시 점원이 입는 의상 등 여러 용도로 사용되고 있다.

유카타

유카타(浴衣)는 간편하게 입는 기모노로, 일본의 고급 숙소인 료칸(旅館 – 여관)에서 목욕한 후나 잠옷 대용으로도 사용하며, 본오도리(오본 기간에 다같이 추는 춤), 불꽃놀이를 할 때 주로 입는 일본의 전통의상이다. 다른 전통의상처럼 소매가 넓고 솔기가 바로 들어온다. 전통적으로 유카타는 대부분 남색으로 만들었다. 하지만 오늘날에는 색상과 디자인은 다양해졌다. 기모노와 마찬가지로 젊은 사람들이 더 밝은 색깔을 자주 입는 편이다.

▲ 유카타

나가기

나가기(長着)는 남녀가 함께 입는 주요 겉옷으로 한국의 도포와 비슷한 디자인이다. 남녀 기모노의 가장 기본을 이루는 복식이라고 할 수 있다. 앞에서 섶을 모아 오비로 허리를 여미는 원피스 스타일이며, 소맷부리는 모두 고소데로 되어 있다.

부속품

주반

주반(襦袢)은 일본 전통 의상인 기모노 안에 입는 속옷이다. 한주반(半襦袢)은 기모노의 안에 입는, 몸길이가 긴 나가주반(長襦袢)을 간소화한 짧게 입는 속옷이다.

오비

오비(帶)는 기모노의 허리 부분에서 옷을 여며주는 장식품으로, 남자와 여자 모두 맨다. 여기에 함께 쓰이는 오비지메(帶締)는 오비가 풀어지는 것을 막는 얇은 끈으로, 오비 주위에 둘러맨다. 에도 시대 이후로는 오비로 나비와 꽃 등 수많은 모양을 만들어 입었다. 일반적으로 이용되고 있는 오비는 폭이 15cm, 길이가 350cm에서 450cm 정도이다.

◀ 오비

다비

다비(足袋_{たび})는 일본의 전통 버선이다. 일본 전통 신발인 조리, 게타 등을 신을 때 사용할 수 있게 엄지발가락과 검지발가락 사이가 갈라져 있다.

▲ 다비

게타

게타(下駄_{げた})는 일본의 나막신이다. 하단에 '하(歯_は)'라고 하는 나무굽 두 개를 대고, 윗판에는 세 개의 구멍을 내고는 '하나오(鼻緒_{はなお})'라고 불리는 끈을 묶어둔다. 중년 여성이 샌들 대신 게타를 신은 모습을 종종 볼 수 있다. 일본식 민박인 료칸에는 유카타와 게타를 갖춰져 있어, 노천탕에 갈 때 료칸에서 이를 빌려 신고 나간다.

▲ 게타

조리

조리(草履_{ぞうり})는 일본의 전통 짚신이다. 일반적으로 기모노를 입을 때에는 우선 일본식 버선인 다비를 신고 조리를 신는다. 메이지 시대(明治時代_{めいじじだい} / 1868 - 1912) 이후 서양의 신발이 보급되기 전까지 일본에서 널리 신었다. 현대 일본에서는 주로 일본 전통의상을

▲ 조리

입을 때 신는다. 게타보다 격식이 있게 여긴다. 현대의 조리는 주로 가죽이나 천, 비닐 등의 소재로 만들어진다.

기쓰케

기모노를 입히거나 입는 것을 **기쓰케**(**着付け**)라 하고, 기모노를 입는 방법, 기모노를 입히는 사람 자체를 가리키기도 한다. 기모노를 입을 때는 올바른 순서가 있다. 기모노를 입기 전에 우선 주반과 다비를 몸에 착용한다. 다음 기모노의 등에 있는 봉제선을 등뼈 중심에 맞추어 걸친다. 그리고 기모노의 오른쪽 부분을 좌측으로 가져와서 몸을 감

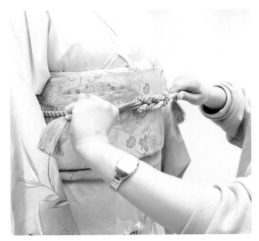

▲ 기쓰케

싼다. 그러고서 왼쪽 부분을 우측으로 가져오면 여러겹의 옷깃이 겹친 형태가 된다.

옷자락은 발목이 조금 보일 정도로의 길이로 조절한다. 기모노는 여유가 있는 길이의 천으로 되어 있어 신장이나 체형에 맞추어 길이를 조절하는 것이 포인트다. 허리 근처에서 여분의 천을 접어 구부린 후, 그 아래에서 앞으로 고시히모(腰紐 - 허리끈)를 돌려 등에서 열십자로 교차시켜 다시 앞으로 가져와 묶고 난 후, 그 위의 천을 똑바로 정돈한다. 이어서 허리 주위에 다테지메(伊達締め - 속옷을 여미는 끈)를 감아 정면에서 묶는다.

오하쇼리

기모노를 입을 때, 옷자락이 바닥에 닿아 끌리지 않도록 허리춤에서 한번 접어 올린 후에 끈으로 묶어서 고정시키는 방식, 혹은 그때 오비 밑에 나오는 부분을 '**오하쇼리(おはしょり)**'라고 한다.

┈ 기모노를 입히는 데 자격증이 필요해?

기모노는 T자 모양 한 장의 평면이라 입을 때마다 그 사람에 맞게 잘 조정해서 오비를 둘러야 합니다. 입는 것 자체가 쉬운 일이 아닙니다. 특별한 교육을 받지 않고는 혼자서 입을 수 없으므로 옷을 입혀주는 사람이 필요합니다. 기모노를 입혀주는 자격증을 가진 사람을 '기쓰케시(着付師)'라고 하는데, 기쓰케 기능 검정의 학과시험과 실기시험에 합격한 국가자격증 소유자입니다. 실무경력 5년이 지나야 1급 수험 자격이 주어진

▲ 기쓰케 교실

다고 하니, 상당한 시간이 필요한 자격증입니다. 일본에는 이를 배우기 위한 기쓰케 교실(학원)이 다수 있고, 좋은 집안 규수들의 교양으로 또는 직업을 가지기 위한 수단으로 적지 않은 수강생들이 있습니다.

🌥 평상복

몸뻬

몸뻬(もんぺ)는 여성이 일할 때 입는 헐렁한 바지다. 우리말 순화집에서 권장하는 이름은 일바지 또는 왜바지이다. 원래는 일본 도호쿠 지방에서 전통적으로 쓰였으나 제2차 세계 대전 즈음에 일본 각지로 퍼졌으며, 당시 일제에 의해 일본과 조선의 부녀자들에게 강제적으로 보급된 바지의 한 종류이다. 일반적으로 허리와 허벅지까지 통이 아주 크며, 발목으로 내려갈수록 통이 좁아지는 모양을 하고 있으며, 큰 허리를 잡아주기 위하여 고무줄이나 끈으로 동여맬 수 있게 되어 있다. 주로 여성들의 작업복으로 즐겨 사용되고 있으며, 오늘날까지도 중장년층 여성들에게 흔히 볼 수 있는 옷이다.

현대에서는 남성용 몸뻬도 있으며, 높은 기능성으로 캐주얼 패션에서도 몸뻬 디자인을 활용한 바지를 즐겨 입기도 한다.

요후쿠

서양식 복장인 **요후쿠(洋服 - 양복)**는 에도 시대 말기에 일본에 유입되어 메이지 시대 이후에 점차 정착되었다. 단추나 지퍼 등으로 고정할 수 있는 요후쿠는 전통적인 일본식 복장인 와후쿠에 비해 입기 편하기 때문에 현대에서는 평상복으로 보편화되었다. 한국에서 말하는 정장으로서의 양복 또한 요후쿠의 한 형태이기는 하나, 일본에서는 캐주얼한 옷 등도 포함하여 서양식 복장을 요후쿠라고 부른다. 정장 양복은 보통 **슈트(スーツ)**라고 하여 구분한다.

즈본

'양복바지' 또는 '바지'를 일컫는 단어로 종종 사용되는 '즈봉'이라는 단어는 '바지'를 뜻하는 일본어 '즈봉(ズボン)'에서 가져온 단어이다. 그리고 일본어 즈봉은 '속치마'를 의미하는 프랑스어 'jupon'에서 유래된 것으로 알려져 있으나 정확한 어원은 알 수 없다. 'jupon'은 중세 유럽의 기사들이 갑옷 위에 입었던 엉덩이 아래까지 내려오는 치마 모양의 겉옷을 일컫던 말로 사용되었다. 현대 일본에서는 바지 종류를 통틀어 즈봉이라고 부른다.

⋯▸ 패스트패션의 유행

1990년대에 급격하게 성장한 의류 업체 하면 유니클로(ユニクロ/UNIQLO)를 들 수 있습니다. 유니클로처럼 최신 유행을 살리면서 단기간에 저비용으로 대량생산하고 판매하는 패션 브랜드를 패스트패션(ファストファッション)이라고 합니다. 주문하면 바로 나오는 음식인 패스트푸드(fast food)처럼 빠르게 생산되고 유통된다는 의미로 패스트패션(fast fashion)이라고 부르게 되었습니다.

▲ 유니클로

다. 일본에서 2000년대 중반부터 사용하게 되었으며 2009년에는 신어·유행어 대상 톱텐에도 선출되었습니다.

유니클로는 1998년 이후의 후리스, 2003년 이후의 히트텍 판매 전략 등으로 일본 의류 업체의 정상에 올랐습니다. 2001년에는 영국을 시작으로 해외로 진출하여 2023년 현재 일본 국내 807개, 해외 1,622개, 총 2,429개 점포까지 성장했으며, 해외 유명 브랜드인 자라(ZARA)나 H&M, 갭(GAP) 등과 경쟁하고 있습니다. 일본 국내에서는 유니클로 외에도 시마무라(しまむら)나, 유니클로와 같은 계열사인 GU가 패스트패션으로 유명합니다.

▲ 시마무라

 **음식**

와쇼쿠

일본의 전통적인 식문화 속에서 성립한 음식을 **와쇼쿠(和食)**라고 한다. 일본음식 중에는 카레(カレー)나 라멘(ラーメン‒라면)처럼 근대 이후에 외국에서 들어온 것을 독자적으로 발전시킨 음식도 있다. 와쇼쿠는 근대 이전부터 전통적으로 계승해온 식문화로서 외국음식에 유래된 음식들과 구별된다.

2013년 12월, 유네스코 무형문화유산으로 등록된 와쇼쿠는 그만큼 일본에서도 세계에서도 사랑받고 있는 음식임을 알 수 있다.

제철 식재료

사계절이 뚜렷한 일본에서는 계절마다 나는 다양한 채소와 과일, 해산물 등을 음식으로 이용한다. 봄의 죽순, 여름의 가지, 가을의 꽁치, 겨울의 방어 등 제철 식재료를 슌(旬)이라고 하며, 보통 슌노 야사이(旬の野菜‒제철 채소), 슌노 구다모노(旬の果物‒제철 과일), 슌노 사카나(旬の魚‒제철 생선) 등으로 부른다. 계절마다 이러한 제철 식재료를 활용한 음식들이 식탁에 차려진다.

감칠맛

일본 열도는 남북으로 길게 뻗어있어 산, 강, 바다 등 자연이 풍부하다. 그 자연 속에서 나는 다양한 식재료를 활용한 와쇼쿠는 재료의 본연의 맛을 중요시한다.

재료가 지니는 단맛, 신맛, 짠맛, 쓴맛, 감칠맛을 살려 소박하고도 조화로운 요리가 되게끔 하는 조리법이 발달되었다. 감칠맛을 우

▲ 곤부다시(다시마 육수)

마미(旨味)라고 하는데, 이는 1908년에 이케다 기쿠나에(池田菊苗)가 다시마에서 추출한 글루탐산이라는 아미노산을 가리켜 이름 지었으며, 현재는 감칠맛을 나타내는 용어로 세계 공통어가 되었다.

다시(육수)

일본식 된장국으로 잘 알려진 **미소시루(みそ汁 – 된장국)**, 그리고 소금이나 간장으로 간을 한 스마시지루(すまし汁 – 맑은 국) 등의 시루모노(汁物 – 국)는 물론, 다양한 냄비요리와 면요리 등 와쇼쿠에는 국물이 빠질 수가 없다. 맛있는 국물을 만들기 위해서는 우마미 성분을 활용한 **다시(だし – 우려낸 국물, 육수)**가 중요하다.

근대 이후에 대륙 문화의 영향으로 도리가라(鷄ガラ – 닭 뼈), 돈코쓰(豚骨 – 돼지 뼈), 규코쓰(牛骨 – 소 뼈) 등을 우려내어 다시를 만드는 경우도 있으나, 전통적으로는 해산물이나 버섯을 다시로 사용해왔다. 대표적으로는 가쓰오부시(かつおぶし – 말린 가다랑어)를 사용한 **가쓰오다시(かつおだし)**, 말린 다시마를 사용한 **곤부다시(昆布だし)**, 말린 멸치를 사용한 **니보시다시/이리코다시(煮干しだし / いりこだし)**가 많이 사용되고 있다. 와쇼쿠 한 끼 식사에 이 세 가지 다시 중 적어도 한 가지는 들어 있다고 해도 과언이 아니다. 그만큼 다시는 와쇼쿠의 중요한 요소이며, 이 세 가지 다시가 일본 사람들에게 사랑받아 왔다는 것을 알 수 있다.

◀ 가쓰오부시(말린 가다랑어), 니보시/이리코(말린 멸치)

다레(양념)

와쇼쿠에서 음식의 맛을 내는 것은 다시뿐만
이 아니다. 설탕, 소금, 식초, **쇼유(醬油 – 간
장), 미소(味噌 – 된장)** 등 조미료를 사용하는
것은 물론, 여러 조미료를 섞어 만든 **다레(たれ
– 양념)**로 소박한 식재료에 맛을 내기도 한다.

와쇼쿠 다레의 중심이 되는 것은 쇼유다. 우
나기노 가바야키(うなぎの蒲焼 – 장어구이)와

▲ 다레가 얹어진 우나기노 가바야키(장어 구이)

야키토리(焼き鳥 – 닭꼬치) 등을 구울 때 바르는 다레는 물론, 먹기 직전에 얹거나 찍
는 다레인 쓰케다레(つけだれ – 양념장)도 역시 간장이 주된 조미료로 들어간다.

차가운 **소바(そば – 메밀국수)**나 우동
(うどん) 등을 먹을 때는 쇼유 다레와 다
시를 섞어 만든 **쓰유/멘쓰유(つゆ/めん
つゆ – 맛간장)**를 찍어 먹는다. 만들어진
쓰유를 그대로 면요리나 냄비요리의 육수
로 사용하는 경우도 많다.

▲ 소바와 쓰유(맛간장)

중국요리나 한국요리에서 사용하는 참기름이나 고추 등이 들어간 양념도 다레라고

부르지만, 서양요리에서 사용되는 우스터소스, 케첩, 마요네즈, 올리브오일 등으로 만든 양념의 경우, 소스(ソース)나 드레싱(ドレッシング)이라고 불러 와쇼쿠나 동양요리에서 사용하는 다레와 구별하는 것이 일반적이다.

야쿠미 (향미 재료)

이처럼 와쇼쿠는 다시와 여러 조미료, 그리고 그것으로 만든 다레 등으로 맛을 낸다. 그렇지만 기본적으로 식재료의 본래의 맛을 중요시하기 때문에 양념 맛은 보통 순하고 소박하다. 그래서 순한 맛에 약간의 악센트를 주기 위해 개인의 기호에 맞게 **야쿠미(薬味 – 향미 재료)**라는 것을 곁들이기도 한다. 후추나 고춧가루 등의 향신료도 넓게는 야쿠미의 하나로 볼 수 있으나, 보통 야쿠미라고 하면 향신료와 달리 말리거나 가공되지 않은 생채소 등을 그대로 혹은 썰거나 갈아서 곁들이며, 다른 조미료와 버무리지 않는 것이 일반적이다.

와쇼쿠에 사용되는 대표적인 야쿠미로, 매운 향미인 생강과 **와사비(ワサビ – 고추냉이)**, 독특한 향미인 묘가(ミョウガ – 양하)와 오바/시소(オオバ/シソ – 차조기 잎), 고소함을 주는 참깨, 산뜻함을 주는 유자나 스다치(スダチ – 감귤류의 하나) 등이 있다.

◀ 사시미에 곁들여진 와사비, 묘가, 오바, 스다치

일즙삼채

일상적으로 먹는 와쇼쿠의 기본은 **일즙삼채(一汁三菜)**라고 한다. 일즙 삼채란, 밥과 국물 그리고 세 가지 반 찬을 의미하여, 영양 밸런스를 고려한 일본 가정요리의 기본 형태로 알려져 있다. 세 가지 반찬 중 하나는 주 반찬 이며 생선구이나 고기구이 등 동물성 단백질인 경우가 많다. 나머지 두 가

▲ 일즙삼채

지 반찬은 밑반찬으로 채소나 해초, 버섯 등으로 만든 무침이나 조림 등이 많다. 이상 적인 밥상에는 **쓰케모노/오신코(漬物/お新香 – 채소 절임)**가 들어가는 경우가 많지 만, 쓰케모노/오신코는 한국의 김치처럼 밥상에 당연히 있는 것으로 일즙삼채 반찬으 로 계산하지 않는다.

최근에는 영양 과다 섭취를 방지하기 위해 일즙일채(一汁一菜)나 일즙이채(一汁 二菜)라는 상차림 형태도 확산되고 있다.

☁ 식기와 예절

와쇼쿠는 눈으로도 즐기는 것이라 하여 시각적 아름다움도 중요하다. 일본 곳곳에 서 나는 사계절의 식재료와 꽃, 잎사귀 등을 이용하여 자연의 아름다움과 변화해 가는 계절의 정취를 요리에 담아 꾸며내기도 한다. 음식을 담는 식기 또한 중요하다. 도자 기로 만들어진 식기는 소박하고도 섬세한 아름다움이 있어 음식을 더 맛있게 해 준다.

식기

일본의 식기, 특히 와쇼쿠를 담는 식기는 도자기를 기본으로 한다. 밥그릇이나 국 그릇 등 깊이가 있는 그릇을 **자완(茶碗)**이라고 한다. 자완은 원래 찻잔을 의미하는 말

이었으나, 현재 밥그릇이나 국그릇 등을 나타나게 되었다. 그냥 자완이라고 할 때는 밥그릇을 의미하고, 미소시루 등을 담는 국그릇은 **시루완(汁碗)**이라고 부르며, 시루완은 도자기보다 칠기를 사용하는 경우가 많다. 녹차를 마실 때 사용하는 손잡이 없는 찻잔은 **유노미자완(湯呑茶碗)**이라고 부른다.

넙적한 접시는 사라(皿)라고 하며, 양이 많은 반찬을 다 같이 덜어 먹기 위해 밥상 가운데에 두는 큰 접시를 오자라(大皿), 구이 요리 등 주 반찬을 담는 중간 사이즈 접시를 주자라(中皿), 밑반찬 등을 담는 작은 접시를 고자라(小皿)로 나누어 부른다. 오자라에서 덜어 먹을 때 사용하는 **도리자라(取皿 – 앞접시)**로 주자라나 고자라를 사용하는 경우도 있다. 그리고 쓰케모노/오신코 등을 담는 매우 작은 그릇을 **고바치(小鉢)**라고 한다.

또한 **하시(箸 – 젓가락)**는 나무로 된 것이 일반적이다. 일회용 젓가락도 나무로 된 것이지만 이는 **와리바시(割り箸)**라 하며 일반적인 하시와 구별한다. 원래 와쇼쿠에서는 기본적으로 숟가락을 사용하지 않는다. 또한, 자완, 사라, 하시 등을 부를 때, 말을 예쁘게 하기 위해 '오(お)'를 붙여 '오차완', '오사라', '오하시' 등으로 부르는 경우가 많다.

그리고 일본 가정에서는 가족 구성원마다 자신이 사용하는 밥그릇과 젓가락이 정해져 있는 경우가 많은데, 이 또한 일본 특유의 문화라 할 수 있다.

식사 예절

이러한 식기의 특징에 맞추어 식사를 하는 방법에도 특징이 있다. 일본에서는 밥그릇과 국그릇은 손에 들고 젓가락으로 먹는 것이 예의 바른 식사 방법이다. 국물은 그릇에 직접 입을 대어 마신다. 이는 숟가락 없이 식사를 하는 관습에서 유래했으며, 도자기나 칠기로 된 그릇의 경우 손에 들 수 없을 만큼 뜨거워지지 않는다.

또한 식사 전후에 손을 모아 인사를 하는 것이 일반적이다. '**이타다키마스(いただきます – 잘 먹겠습니다)**'라 하며 식사를 시작하고, 다 먹으면 '**고치소사마데시타(ごちそうさまでした – 잘 먹었습니다)**'라 하며 식사를 마친다. 이런 인사에는 음식에 대한, 그리고 만들어 준 사람에 대한 감사의 뜻이 담겨 있다.

◀ 식사 전후 인사

그리고 젓가락 사용에 관한 예절로 몇 가지 금기 행위가 있다. 일본에서 식사를 할 때 이러한 금기 행위를 하지 않도록 조심할 필요가 있다. 여기서는 대표적인 다섯 가지를 소개한다.

와타시바시(渡し箸)

식사 중 그릇 위에 젓가락을 두는 행위. 젓가락을 놓을 때는 하시오키(箸置き – 젓가락 받침)를 사용한다.

다테바시(立て箸)

젓가락을 밥에 꽂아 세우는 행위.

사시바시(刺し箸)

음식에 젓가락을 찔러 먹는 행위.

요세바시(寄せ箸)

젓가락으로 그릇을 당기는 행위.

히로이바시/하시와타시(拾い箸/箸渡し)

젓가락에서 젓가락으로 음식을 주고받는 행위.

···▶ 소리 내어 먹어도 괜찮다?

일본에는 소바, 우동, 라면 등 면류 음식이 굉장히 많이 있지요. 세계적으로 보면 예를 들어 스파게티를 소리 내어 먹으면 예의가 없는 행위로 보이기 쉽습니다. 그런데 예부터 숟가락을 사용하지 않았던 일본 식문화에서는 젓가락으로 집은 면을 한꺼번에 소리 내어 먹는 것이 자연스럽고 일반적인 행위가 되었습니다. 그래서 일본의 면류 음식을 먹을 때 소리를 내면 안 된다는 인식이 별로 없는 것 같습니다. 오히려 소리 내어 먹어야 제 맛이 난다고 생각하는 사람들이 많습니다. TV나 유튜브 영상 같은 것을 보아도 출연자들이 면류를 먹을 때는 대범하게 소리를 내어 먹습니다. 그래야 맛있어 보인다는 것이지요. 이런 식사 방법은 일본 특유의 문화라고 볼 수 있습니다.

그렇지만 소리 내어 먹는 것에 대해 비판적으로 생각하는 사람들도 어느 정도 있어, 예의가 바른 행위라고도 할 수 없습니다. 결론은 괜찮다고도 안 된다고도 단정할 수 없는데, 예의라는 것은 남을 위한 것이니, 같이 먹는 사람, 보는 사람을 생각하고 상황에 맞추어 어떻게 먹을지 생각하는 것이 중요하지 않을까요?

🌥 대표적인 와쇼쿠 메뉴

스시

와쇼쿠의 대표라고 하면 역시 **스시(寿司 − 초밥)**라 할 수 있다. 스시의 역사는 깊지만 현재 우리가 흔히 생각하는 형태의 스시는 19세기 초중반에 식초를 섞은 밥을 뭉쳐 그 위에 생선을 얹은 **니기리즈시(握り寿司)**를 중심으로 한 에도마에즈시(江戸前寿司)가 에도(현재의 도쿄)에서 일반화된 것이 기원이라고 한다. 당시에는 야타이(屋台 − 포장마차)나 서서 먹는 다치구이(立ち食い)가

▲ 에도마에즈시

기본이었다고 하는데, 현대로 생각하면 패스트푸드와 같은 인식이었을 수도 있다.

스시에 관해 언급할 때 특별한 용어를 사용하는 경우가 많다. 식초를 섞은 스시용 밥을 **샤리(シャリ)**, 생선이나 조개 등 재료를 **네타(ネタ)**, 스시와 같이 먹는 생강 절임을 가리(ガリ), 식후에 마시는 차를 아가리(アガリ)라고 부른다.

스시의 종류는 다양하지만 대표적인 것으로 니기리즈시 외에도 한국의 김밥처럼 김으로 말아 만드는 **마키즈시(巻き寿司)**, 연어알이나 성게 등 소재가 떨어지지 않게 니기리즈시의 주위를 김으로 둘러싼 군칸마키(軍艦巻), 전용 상자로 밥과 재료를 꾹 눌러 굳힌 오시즈시(押し寿司), 큰 그릇에 담은 밥 위에 여러 재료를 얹어 먹는 **지라시즈시(ちらし寿司)** 등이 있다. 그리고 각자 좋아하는 재료를 밥과 함께 김으로 싸서 먹는 **데마키즈시(手巻き寿司)**가 있는데, 이는 주로 가정에서 먹는다.

▲ 데마키즈시

⋯ 대표적인 스시 네타

기니기리즈시에 사용하는 스시 네타는 다양한데, 주로 마구로(まぐろ - 참치), 사몬(サーモン - 연어), 도미나 광어 등의 시로미(白身 - 흰살 생선), 고등어나 전갱이 등의 히카리모노(光り物 - 등푸른 생선), 기타로 나누어집니다.

마구로는 지방이 없는 빨간 부위를 아카미(赤身 - 속살), 뱃살 중 지방이 적은 주토로(中とろ - 중뱃살), 지방이 많은 오토로(大とろ - 대뱃살) 등이 대표적입니다. 아카미의 호소마키(가는 마키즈시)를 뎃카마키(鉄火巻)라고 하며 인기 있는 마키즈시의 하나입니다.

마키즈시 중 오이를 넣은 것을 갓파마키(かっぱ巻)라 하는데, 이는 갓파라는 요괴가 오이를 좋아하는 데서 유래됩니다. 또한 유부초밥을 이나리즈시(いなり寿司)라고 합니다. 이 역시 여우가 유부를 좋아하는 데서 유래됐는데, 왜 이나리라고 하냐면 여우가 전국 각지에 있는 이나리진자(稲荷神社)라는 진자(신사)의 수호신이기 때문입니다.

▲ 갓파마키

덴푸라

생선이나 새우, 채소 등에 밀가루를 주 재료로 한 **코로모(衣 - 튀김옷)**를 묻혀 튀기는 **덴푸라(天ぷら)**는 16세기에 포르투갈에서 나가사키에 전래한 조리법이 기원이라고 한다. 그래서 덴푸라라는 명칭 또한 포르투갈어에서 유래되었다는 설이 가장 유력하다고 한다. 에도 시대 때부터 서민들의 음식으로 정착되었고, 현대에서는 가게

▲ 덴푸라

는 물론 가정에서도 만들어 먹는 음식이 되었다. 슈퍼마켓의 반찬 진열대에서도 많이

볼 수 있을 정도로 일본에서 흔히 먹는 음식 중 하나지만, 한편으로는 전문점에서 먹을 경우 격식이 있는 일본 전통요리라는 이미지로 다소 고급스러운 느낌이 있다.

흔히 사용하는 재료로는 새우, 오징어, 아나고, 기스, 가지, 단호박, 버섯 등이 있다. 먹는 방식은 지방마다 차이가 있으나 접시에 담은 덴푸라를 덴쓰유(天つゆ - 덴푸라용 맛간장)에 찍어서 먹는 것이 가장 일반적이다. 그 외에도 에비텐(えび天 -새우 덴푸라)을 중심으로 다양한 덴푸라를 밥 위에 얹어 먹는 **덴동(天丼 - 덴푸라 덮밥)**, 우동이나 소바(메밀국수) 위에 에비텐을 얹은 덴푸라우동ㆍ덴푸라소바 등도 덴푸라를 활용한 대표적인 음식이라 할 수 있다.

▲ 덴동

▲ 덴푸라우동

냄비요리

일본에는 다양한 냄비요리가 있는데, 예전에는 음식점에서만 먹었던 것이 휴대용 가스버너의 사용이 보편화되면서 가정에서도 많이 먹게 되었다. 냄비를 일본어로 **나베(鍋)**라 하는데, 냄비요리 자체를 나베라고 부르는 경우도 많다. 대표적인 나베로는 **오뎅(おでん), 스키야키(すき焼き), 미즈타키(水炊き), 샤부샤부(しゃぶしゃぶ)** 등이 있다.

오뎅

오뎅(おでん)은 어묵과 무, 감자, 규스지(牛すじ - 소 힘줄), 곤약, 삶은 계란, 튀긴 두부 등을 가쓰오다시나 곤부다시 국물로 끓인 냄비요리이다. 한국에서는 어묵을 가리켜 오뎅이라고 부르기도 하는데, 일본에서는 어묵만을 가리켜 오뎅이라고 부르는 것이 아니라 이와 같은 냄비요리 전체를 가리켜 오뎅이라고 부른다. 어묵은 지방마다 명칭이 다르기는 하지만 간토 지방에서는 보통 **사쓰마아게(薩摩揚げ)**라고 부른다.

오뎅 전문점도 있으나 가정에서 먹는 경우가 많고, 80년대 이후에는 편의점에서 사 먹는 대표 음식이 되기도 했다. 오뎅 건더기 재료로 가장 인기가 많은 것은 어떤 랭킹을 보아도 항상 '무(だいこん)'이며, 오랫동안 부동의 1위를 차자하고 있다.

▲ 편의점 오뎅

스키야키

스키야키(すき焼き)는 소고기와 채소 등을 약간 단맛이 나게 끓인 냄비요리이다. 먼저 쇠냄비로 얇은 소고기를 굽고 다시 국물과 간장, 술, 설탕 등을 부어 간을 한 후, 쑥갓, 배추, 대파, 표고버섯, 구운 두부, 시라타키(しらたき – 가는 곤약) 등을 담아서 끓인다. 간토 지방에서는 다시와 간장, 술, 설탕 등으로 만든 다레(양념)를 미리 준비해 놓는 경우가 많은데 이를 **와리시타(割下)**라고 부른다.

◀ 와리시타

먹을 때는 생계란을 푼 도키다마고(溶き玉子)를 찍어 먹는 것이 일반적이다. 건더기를 다 먹고 난 후에 남은 국물로 우동을 끓이거나 밥을 넣어 **조스이(雑炊 – 국밥)**를 끓여 시메(しめ – 마무리 음식)를 먹는 경우가 많다.

미즈타키와 샤부샤부

미즈타키(水炊き)는 특별히 간을 하지 않고 다시 국물로만 재료를 끓인 냄비요리이다. 건더기 재료는 스키야키와 비슷하지만 소고기뿐만이 아니라 돼지고기나 닭고기 등도 사용하며, 채소도 스키야키에 비하면 훨씬 다양한 채소들을 사용한다. 먹을 때는 감귤류의 과즙과 식초,

▲ 미즈타키

간장으로 된 **폰즈(ポン酢)**라는 다레를 찍어 먹는 경우가 많고, 스키야키와 마찬가지로 남은 국물로 우동이나 조스이를 끓여 시메를 먹는 경우가 많다.

샤부샤부(しゃぶしゃぶ)는 조리법으로는 미즈타키와 거의 같지만, 고기(보통 소고기)를 끓이지 않고 잠깐 데쳐 먹는 것이 특징이다. 젓가락으로 집은 고기를 국물에 서너 번 흔들면서 데치는데, 그 데치는 모양을 의태어로 '샤부샤부'라고 표현한다. 데친 고기를 차게 해서 먹는 레이샤부(冷しゃぶ), 돼지고기를 사용한 부타샤부(豚しゃぶ), 대게를 사용한 가니샤부(カニしゃぶ) 등 파생형 샤부샤부도 많다.

덮밥

덮밥은 외식할 때나 포장할 때 저렴하고 간편하게 먹을 수 있는 음식이라 할 수 있다. 덮밥을 담는 일반 밥그릇보다 큰 그릇을 **돈부리(丼)**라고 하는데, 덮밥 명칭에는 이를 붙여 '~돈부리'라고 부르며, 줄여서 '~동'이라고 부르는 것이 일반적이다.

덮밥 종류는 다양하지만, 덴푸라를 얹은 **덴동(天丼)**, 스키야키 고기를 얹은 **규동(牛丼)**, 돈가스를 얹은 **가쓰동(カツ丼)**, 닭고기를 익힌 계란물로 덮은 **오야코동(親子丼)**, 소고기나 돼지고기를 익힌 계란물로 덮은 **다닌동(他人丼)**, 민물

▲ 규동

장어 구이를 얹은 우나동(うな丼) 등이 대표적이다. 이 중 오야코동은 닭고기와 달걀을 사용하기 때문에 '부모 자식'을 의미하는 '오야코'가, 다닌동은 닭고기가 아닌 다른 고기와 달걀을 사용하기 대문에 남/타인을 의미하는 '다닌'이 명칭에 붙어 있다. 우나동은 장어 자체가 비싸기 때문에 다른 덮밥에 비하면 약간 고급스러운 느낌이 있다.

▲ 가쓰동

▲ 오야코동

콩알지식

┈→ 와쇼쿠 랭킹! 가장 인기가 많은 와쇼쿠는?

뉴스 사이트 '마이내비 뉴스'의 2021년 2월 조사에 따르면 일본인이 좋아하는 와쇼쿠는, 1위는 '스시', 동률 2위로 '사시미(회)'와 '우나주(うな重 – 찬합에 담은 장어 덮밥)', 4위 '스키야키', 5위 '도리노 가라아게(からあげ – 닭튀김)' 순으로 나타났습니다. 역시 스시가 와쇼쿠의 대표 선수라고 할 수 있겠네요.

한편 외국인이 좋아하는 재패니즈 푸드 랭킹으로 2020년 3월 TV아사히 프로그램의 조사에 따르면, 1위 '라멘', 2위 '야키토리(닭꼬치)', 3위 '스시', 4위 '낫토', 5위 '오코노미야키' 순으로 나타났습니다.

스시보다 라멘과 야키토리가 앞섰다는 것이 인상적인데, 아무래도 외국인들에게 '재패니즈 푸드'란 일본에서 흔히 먹는 음식이라는 이미지가 강하기 때문인 것으로 생각됩니다. 4위에 낫토가 들어간 것도 의외입니다. 예전에는 낫토 특유의 강력한 냄새 때문에 못 먹는 사람들이 많았지만, 요즘은 기술력이 발달되어 그 특유에 냄새가 심하지 않고, 거기에다 웰빙 열풍으로 건강식을 선호하는 사람들이 많아져서 그런 것 아닐까요?

🌥 외국 음식

일본에서는 다양한 양식을 비롯하여 세계 여러 지역의 음식을 많이 먹는다. 이들은 일본에서 독자적으로 발전한 음식들이 많은데, 그런 경우 엄격하게 따지면 외국에 기원을 둔 일본 음식이라고 하는 것이 마땅할 수도 있다. 여기서는 대표로 양식과 중국요리, 라멘, 한국요리를 살펴본다.

양식

양식(洋食)이란 근대 초기에 유입된 서양요리를 일본에서 독자적으로 발전시킨 서양식 음식을 말한다. 양식을 먹기 시작하면서 일본 사람들은 소고기나 돼지고기 등을 일상적으로 먹게 되었다.

대표적인 양식 메뉴로 돈가스, 고로케, 카레라이스, 오므라이스, 스튜, 함바그(햄버그스테이크), 스파게티, 그라탕 등이 있는데, 이들은 한국에서도 친숙한 음식이라 할 수 있다.

가정에서 조리해서 먹는 경우도 많지만 외식으로도 요쇼쿠야(洋食屋 / 양식점)나, 카페 겸 경양식점인 **깃사텐(喫茶店)**, 패밀리 레스토랑(ファミリーレストラン) 등에서 먹을 수 있는 대중적인 음식이 되었다.

깃사텐에서는 카레라이스나 오므라이스, 스파게티 등 간편하게 먹을 수 있는 양식을 제공해 주는데, **모닝구(モーニング / 모닝)**라는 조식세트도 있다. 아침 식사 시간대에 한해서 빵과 계란, 소시지, 샐러드 그리고 커피 등을 세트로 제공한다.

▲ 오므라이스

▲ 깃사텐의 모닝 세트

패밀리 레스토랑은 흔히 줄여서 **화미레스(ファミレス)**라고 부르며, 가스토(ガスト), 사이제리야(サイゼリヤ) 등 체인점이 전국 곳곳에 있다. 화미레스에서는 깃사텐보다 훨씬 다양한 메뉴를 저렴하게 먹을 수 있어 양식의 다양화, 대중화에 많이 기여하고 있다.

▲ 가스토

▲ 사이제리야의 대표 메뉴 '밀라노풍 도리아'

···▸ 나폴리탄을 아시나요?

깃사텐이나 양식점의 대표 메뉴에 나폴리탄(ナポリタン)이 있습니다. 일본 전국 어디서든 흔히 먹을 수 있는 나폴리탄(ナポリタン)이지만 이탈리아 나폴리와 무슨 관계가 있을까요?

제2차 세계대전이 끝나고 일본 요코하마(橫浜) 일대를 점령한 미군들이 스파게티를 삶아 토마토케첩에 비벼 먹는 모습을 보고 있던 호텔의 한 일본인 주방장이 케첩에 양파와 피망, 버섯 등을 섞어 소스를 만들고 삶은 스파게티와 볶아 나폴리탄을 개발했습니다.

중세 나폴리에 토마토소스를 이용한 스파게티가 서민들에게 팔렸던 것을 힌트로 나폴리탄이라고 이름 지었다고 한다. 이처럼 나폴리탄은 이탈리아 나폴리에는 없는 일본 특유의 양식 요리입니다.

◀ 나폴리탄

중국요리

중국요리(中国料理)는 흔히 **주카료리**(中華料理 – 중화요리), 혹은 줄여서 '주카' 라고 하며, 근대 초기에 요코하마(横浜), 고베(神戸), 나가사키(長崎) 등 일본을 대표하는 항구도시의 **주카가이**(中華街 – 차이나타운)에서 전국으로 퍼졌다. 요코하마, 고베, 나가사키는 일본의 삼대 주카가이로 알려져 있다.

▲ 요코하마의 주카가이

주카의 메뉴는 다양하지만 대중적으로 매우 흔한 메뉴로는 **라멘**(ラーメン – 라면), **교자**(餃子 – 만두), 차항(チャーハン – 볶음밥), 탕수육(酢豚), 팔보채(八宝菜), 마파두부(麻婆豆腐) 등이 있다. 나가사키의 **짬뽕**(チャンポン – 백짬뽕)이나 **사라우동**(皿うどん – 접시우동) 등 지역에서 독자적으로 발전하여 전국으로 퍼진 요리도 있다. 사라우동은 일반적인 우동 면이 아니라 딱딱하게 튀긴 중화면을 접시에 담아 그 위에 전분을 섞어 걸쭉하게 볶은 채소와 해물 등을 얹어 먹는 나가사키의 향토요리다.

▲ 라멘, 교자, 차항

▲ 사라우동

라멘

중화요리 중 특히 라멘은 일본에서 독자적으로 발전하여, 다양한 종류의 라멘이 일본 각 지역에서 탄생했다. 그 다양한 맛은 세분화하려면 끝이 없지만, 크게 쇼유(醬油/간장), 시오(塩/소금), 미소(味噌/된장), 돈코쓰(豚骨/돼지뼈)로 나눌 수 있으며, 쇼유, 시오 등 맑은 국물의 경우 닭뼈 육수를 사용하는 경우가 많다. 주된 토핑 재료로 차슈(チャーシュー/양념 돼지고기 구이), 멘마(メンマ/발효 조미된 죽순), 숙주, 파, 삶은 계란 등이 있다.

미소, 쇼유, 시오 등의 진한 국물에 꼬불꼬불한 면이 특징적인 **삿포로(札幌)라멘**, 돈코쓰 국물에 가늘고 딱딱한 면이 특징적인 후쿠오카(福岡)의 **하카타(博多)라멘**, 돼지 사골과 닭뼈를 우려낸 쇼유 국물에 굵은 면이 특징인 요코하마의 **이에케이(家系)라멘** 등 각 지역마다 명물이 된 라멘 브랜드가 있다. 이를 **고토치라멘(ご当地ラーメン/현지라멘)**이라고 하며, 현지 사람들은 물론 전국의 라멘 팬들에게도 사랑받고 있다.

▲ 삿포로라멘　　　　　▲ 하카타라멘　　　　　▲ 이에케이라멘

중화요리점과 구별되는 라멘 전문점인 라멘야(ラーメン屋/라멘집)가 전국 각지에 많이 있는데, 교자(군만두)와 차항(볶음밥)은 거의 대부분의 라멘야 메뉴에 있으며, 라멘과 세트로 주문할 수 있는 경우도 많다.

한국요리

한국요리점도 전국에 많이 있다. 태평양 전쟁 후, 일본에 남은 재일 조선인들이 소갈비구이와 곱창구이를 주된 메뉴로 하는 야키니쿠야(焼肉屋 / 고기구이집)를 시작했다. 간판에 '한국요리'라고 적혀 있지 않아도 야키니쿠야에는 김치, 나물, 비빔밥, 국밥, 잡채, 찌개, 부침개 등 다양한 한국요리가 메뉴에 있다. 한국이 기원인 **야키니쿠(焼肉 / 고기구이)** 문화는 현대 일본에 완전히 정착되었으며, 일본 서민들이 평소보다 조금 사치스러운 외식을 하려고 할 때 가장 먼저 후보에 오르는 것이 스시 아니면 야키니쿠라고 한다. 야키니쿠야는 어디까지나 고기 중심이지만, 한국요리 전문점임을 강조하는 가게에서는 야키니쿠야보다 훨씬 다양한 한국요리 메뉴가 있고 한국 현지의 맛에 가까운 맛을 즐길 수 있다.

◀ 야키니쿠야

메뉴에 나오는 가타카나 표기로 미루어 무슨 음식인지 알 수 있는 경우가 대부분이지만, 때로는 깍두기를 가쿠테키(カクテキ)라고 하거나 부침개를 지지미(チヂミ)라고 하는 등 유추하기 어려운 경우도 있다. 또한 김치나 나물 등 한국에서는 요금에 포함되지 않는 밑반찬으로 여겨지는 것들도 요금을 내야 하기 때문에 주의가 필요하다.

▲ 야키니쿠야의 메뉴판

야키니쿠야와 한국요리점이 즐비한 대표적인 코리아타운으로 도쿄의 **신오쿠보**(新大久保)와 오사카의 **쓰루하시**(鶴橋)가 있다. 이러한 코리안타운에서는 떡볶이나 핫도그, 한국식 치킨 등도 먹을 수 있어, 한류에 관심이 많은 젊은 사람들에게 인기를 얻고 있다.

▲ 신오쿠보의 코리안타운

▲ 쓰루하시의 코리안타운

콩알지식

⋯▸ 곱창은 버리는 것?

곱창 하면 갈비나 등심 등 일반 고기 부위에 비해 조금 특별한 느낌이 있지 않을까요? 그런데 일본에서는 야키니쿠야의 고기 중에서도 곱창 종류가 비교적 저렴하고, 한국보다 일본이 더 일상적으로 많이 즐겨 먹는 것 같습니다.

곱창, 막창, 양 등 곱창 종류를 일본어로 호루몬(ホルモン)이라고 합니다. 그 정확한 어원은 알 수 없는데, 의학용어의 호르몬에서 유래된 말이라는 설이 있지만, 하나 더 유력한 설이 있다고 합니다. 옛날에 곱창을 오사카 사투리로 '버리는 것'이라는 뜻으로 '호루몬(放るもん)'이라고 한 것에서 유래됐다는 것입니다. 당시 일본에서는 일상적으로 곱창을 먹는 습관이 없었기 때문에 '버리는 부위'로 여겨졌다는 것이죠. 그런데 지금은 호루몬을 많이 먹게 되었다는 것이 참 신기한 일입니다.

▲ 야키니쿠야의 호루몬 세트

☁ 현대 일본의 식사 풍경

가정요리

와쇼쿠와 양식, 중국요리 등 일본에서는 다양한 음식들을 먹는데, 일반 가정에서는 과연 어떤 음식을 먹고 있을까. 기본적인 스타일은 역시 일즙삼채(一汁三菜)라고 할 수 있는데, 이때 중요한 것 중에 하나가 **미소시루(みそ汁 / 된장국)**이다. 사용하는 된장 종류나 건더기는 다양하지만, 일반적인 밥상에서는 국은 기본적으로 미소시루가 된다. 미소시루야말로 일본 가정요리의 대표 선수라 할 수 있다.

주 반찬은 생선구이나 생선조림이 대표적이지만 가장 인기가 많은 것은 고기와 감자를 주된 재료로 하고 당근과 양파 등과 같이 담백하게 조린 **니쿠자가(肉じゃが)**이다. 니쿠자가에 사용하는 고기는 소고기 아니면 돼지고기인 경우가 대부분이지만,

▲ 니쿠자가

서쪽 지방에서는 소고기를 선호하고 동쪽 지방에서는 돼지고기를 사용하는 가정이 많다고 한다. 가정에서 자주 먹는 카레라이스의 카레나 스튜는 레시피와 조미료가 다를 뿐, 재료와 조리 방법은 거의 같기 때문에 조리하는 사람의 입장에서도 다루기 쉬운 요리라고 할 수 있다.

그 외에도 함바그, 가라아게(닭튀김), 교자, 덴푸라 등도 주 반찬으로 자주 등장한다. 또한 오뎅, 미즈타키, 스키야키 등의 냄비요리도 가정에서 자주 먹는다.

이러한 가정요리를 외식으로 먹을 때는 대중식당인 **데이쇼쿠야(定食屋 / 정식집)**에 가면 다양한 가정요리 메뉴를 저렴하게 먹을 수 있다. 오토야(大戸屋)나 야요이켄(やよい軒) 등 데이쇼쿠야의 체인점도 많이 있고, 밑반찬을 단품으로 자유롭게 골라 먹을 수 있는 가게도 많다. 요시노야(吉野家), 마쓰야(松屋), 스키야(すき屋) 등 규동을 주력 메뉴로 하는 **규동야(牛丼屋 / 규동집)**도 데이쇼쿠야의 기능을 담당하고 있다.

▲ 데이쇼쿠야

▲ 규동야

⋯ B급 구르메와 고토치 그루메

라멘, 우동, 다코야키, 오코노미야키, 야키소바, 고로케, 스파게티, 다들 좋아하죠? 이런 많은 사람들에게 사랑받고 있으면서도 결코 고급이 아닌, 저렴하고 서민적이며 다양하게 변형될 수 있는 요리를 'B급 구르메(B級グルメ)'라고 합니다. B급 구르메의 메뉴와 레시피를 각 지역의 업체나 시민들이 고안해서 '고토치 그루메(ご当地グルメ/현지 구르메)'로 등장하여 그 지역의 명물이 되는 경우도 많습니다. 이러한 고토치 구르메의 브랜드화, 고토치 구르메를 이용한 지역 활성화를 목적으로 2006년 이후 1년에 한 번 'B－1 그랑프리'라는 이벤트가 개최되고 있습니다 (2016년 이후는 부정기 개최). 제1회와 제2회 대회에서는 시즈오카현(静岡県) 후지노미야시(富士宮市)의 후지노미야 야키소바(富士宮やきそば)가 우승했으며, 그 외에도 야키소바가 3번 우승한 적이 있는데, 마쓰리 등 지역 행사의 데미세(出店－노점)에서도 인기가 많은 야키소바의 잠재력이 느껴지네요.

인스턴트 식품

가정에서 특별한 요리를 하지 않아도 간단하게 조리할 수 있는 레토르트 식품(レトルト食品)과 냉동식품(冷凍食品), 그리고 인스턴트 라멘(インスタントラーメン) 등의 인스턴트 식품(インスタント食品)이다.

레토르트 식품은 카레나 수프 등 액상 식품을 레토르트 파우치에 밀봉한 것으로 끓는 물에 데우거나 전자레인지로 간편하게 조리할 수 있다. 냉동식품은 가라아게, 함바그, 교자 등의 고체형 식품을 전자레인지로 데워 먹을 수 있도록 만들어진 것으로 가정에서 간편하게 먹을 때는 물론, 학교나 직장에 가져갈 도시락 반찬으로도 많이 이용한다.

▲ 레토르트 식품

▲ 인스턴트 라면

▲ 닛신 치킨라멘

▲ 닛신 컵누들

끓이기만 하면 완성되는 인스턴트 라멘은 지금 전 세계의 많은 사람들이 일상적으로 먹는 음식이다. 그 인스턴트 라멘의 원조는 일본의 **닛신식품(日淸食品)**이라 하는데, 1958년에 닛신식품에서 나온 '치킨라멘(チキンラーメン)'이 세계 최초의 인스턴트라멘이라 한다. 그 이후, 1971년에 닛신식품에서 컵누들(カップヌードル)을 개발하면서 세계 최초의 **컵라멘(カップラーメン)**이 등장하여, 뜨거운 물을 붓기만 하면 먹을 수 있게 되었다. 이처럼 일본에서 등장한 인스턴트 라멘은 일본 가정에서도 많이 먹지만, 전 세계의 많은 사람들이 즐겨 먹는 음식이 되었고, 국민 1명당 소비량은 현재 한국이 세계 1위라고 한다.

나카쇼쿠

이미 조리된 음식을 사거나 주문해서 집 안에서 먹는 식사 스타일을 가정 내 식사와 외식의 중간점이라는 뜻으로 **나카쇼쿠(中食)**라고 부른다. 이는 1980년대 이후 핵가족과 단신 세대(単独帯代 −1인 가구)의 증가로 인해 일본사회에서 일반화되었고, 일본의 식사 스타일에서 나카쇼쿠가 차지하는 비율이 점점 높아지고 있다. 나카쇼쿠는 편리하고 좋은 면도 있는 반면, 이러한 상황이 독신자와 고령자, 아이들이 혼자 외롭게 식사를 하는 **고쇼쿠(孤食)** 문제와 직결된 사회 문제라는 점에서 부정적인 면도 있다.

▲ 고쇼쿠 문제

나카쇼쿠에는 편의점이나 도시락집의 도시락, 슈퍼마켓이나 백화점의 **오소자이(お惣菜 / 조리된 반찬, 음식)**, 음식점의 배달 음식 등 여러 가지 형태가 있다. 이 중 소바, 우동, 라멘, 스시 등 와쇼쿠나 중화요리 등의 배달해 먹는 것을 **데마에(出前)**라 하며, 나카쇼쿠 문화에서 가장 오래된 방식이라 할 수 있다. 피자나 패스트푸드 등의 배달은 **딜리버리(デリバリー)**, 혹은 **다쿠하이(宅配)**라고 부른다.

2020년의 코로나 사태 이후, 음식 주문·배달의 플랫폼인 **우버이츠(ウーバーイーツ / Uber Eats)**의 이용이 폭발적으로 증가하면서, 일본의 나카쇼쿠 문화가 더욱 발전하고 있다.

▲ 오소자이

▲ 데마에

[참고문헌]

マイナビニュース (마이내비 뉴스), https://news.mynavi.jp/article/20210223-1736024/
B-1グランプリ (B-1 그랑프리) 사이트, https://www.b-1grandprix.com/previous-b1grandprix/

Ⅳ 주거

🌥 주택의 특징

일본은 예로부터 목재 자원이 풍부하며, 신사·불각 건립으로 목조건축 기술이 비약적으로 발전했다. 그 기술은 일반 주택에도 응용되어, 현대에도 **목조주택(木造住宅)**의 인기는 시들지 않는다. 2018년 주택·토지 조사에 의하면 철근 콘크리트 보급 등으로 인해 해마다 목조 건축물의 비율은 줄어들고 있지만, 여전히 50%를 넘고 있으며, 단독주택은 90%를 차지하고 있다. 세계에서는 흙집이나 돌집 등 다양한 주택형식이 있지만, 일본에서는 예로부터 목조주택이 채용되어 왔다. 그 이유는 일본의 기후 풍토와 관련이 있다. 일본은 사계절이 뚜렷하고 특히 여름에는 고온다습해지는 것이 특징이다. 나무는 조습성이 있고 통기성이 좋아서 습기가 많은 일본의 여름을 나기에 쾌적한 환경을 만들어 준다. 또, 지진이 많은 일본에서 나무는 흔들림에 강하고 강도가 높고 내구성이 뛰어나다는 사실도 널리 사용되고 있는 이유 중 하나이다. 한편, 목조주택이 가진 약점도 있다. 불에 취약하여 지진 등과 관련해 큰 화재가 일어날 수 있다. 또 목조는 습기를 막고 통기성이 좋은 반면, 방음이 잘 안되고 겨울에는 난방이 잘 안 되는 문제를 안고 있다. 그러나 최근에는 기술의 진보로 인해 이러한 문제가 해결되고 있다. 일본에서 주택의 형태는 주로 단독주택을 의미하는 **잇코다테(一戸建て)**와 아파트 등을 가리키는 **공동주택(共同住宅)**의 두 가지로 구분된다.

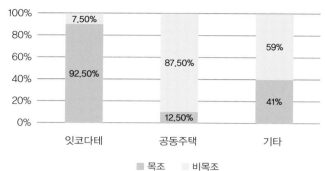

건축방식별 구조별 목조 · 비목조 비율

잇코다테: 목조 92.50%, 비목조 7.50%
공동주택: 목조 12.50%, 비목조 87.50%
기타: 목조 41%, 비목조 59%

■ 목조　■ 비목조

◀ 건축방식별, 구조별 목조비율

잇코다테

　　총무성 통계국에 의하면, 일본인의 주택 소유율은 60%정도라고 한다. 이 가운데 잇코다테와 공동주택은 각각 53.6%와 43.5%를 차지해 일본에서는 잇코다테를 공동주택보다 선호하는 것으로 나타났다. 한국에서는 많은 사람들이 아파트에 살고 있는 것과는 대조적이다. 일본에서는 "일국일성의 주인(一国一城の主人)"이라는 말이 있는

▲ 잇코다테

듯 예로부터 자신의 땅과 집을 소유하는 것이 서민의 꿈이었다. 잇코다테에서는 자신만의 정원을 가질 수 있는 데다가, 부담 없이 반려동물을 키울 수 있으며, 담장도 만들고 주차장도 자유롭게 쓸 수 있다는 점이 매력적이다. 또한 공동주택과 달리 프라이버시를 지킬 수 있는 점, 재해 시 보다 안전한 점 등도 선호하는 이유로 꼽힌다.

공동주택

　　공동주택이란 한 건물 안에 여러 가구가 입주해 있는 주택의 형태로 **아파트(アパート)** 나 **맨션(マンション)**이 이에 해당한다. 일본에서 아파트라고 하면, 대체로 2층 건물이

며 규모가 작은 임대형 연립주택을 가리키며, 주로 학생이나 독신 세대가 이용하고 있다. 반면 맨션은 규모가 큰 철근 콘크리트로 지어진 중·고층 건물로, 한국의 아파트와 비슷한 개념의 공동주택을 일본에서는 맨션이라고 부른다. 또한 대도시에 있는 초고층 맨션을 **타워 맨션(タワーマンション -초고층 아파트)**이라 하며, 흔히 이를 줄여서 타와만(タワマン)이라고 부릅니다. 아파트와 맨션이라는 말이 가리키는 이미지가 일본과 한국에서 서로 다르기 때문에 주의가 필요하다.

▲ 일본의 아파트

▲ 일본의 맨션

맨션은 단독주택에 비해 비교적 저렴한 가격에 구입할 수 있어서, 땅값이 폭등했던 1980년대부터 젊은 가구를 중심으로 이용이 확산됐다. 공동주택은 1988년에 처음으로 1,000만채를 넘어섰으며, 이후 지속적으로 증가하여 2018년까지 30년간 2배 이상 늘어나고 수요가 계속 확대되고 있다.

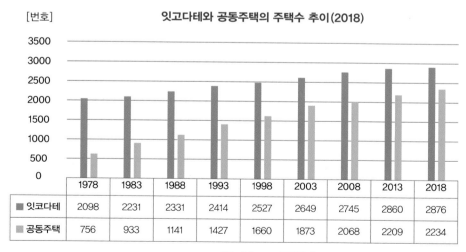

잇고다테와 공동주택의 주택수 추이(2018)

[번호]

	1978	1983	1988	1993	1998	2003	2008	2013	2018
■ 잇코다테	2098	2231	2331	2414	2527	2649	2745	2860	2876
■ 공동주택	756	933	1141	1427	1660	1873	2068	2209	2234

■ 잇코다테　■ 공동주택

▲ 단독주택과 공동주택의 주택수 추이

···› 하늘보다 높이? – 타워 맨션

맨션의 수요가 높아짐에 따라 규제완화가 진행되어 2000년 이후 도쿄, 오사카 등 대도시에는 타워 맨션(초고층 아파트)이 차례로 들어서게 되었습니다. 타워 맨션의 기준은 20층 이상으로 높이는 60m 이상인데, 일본에서 가장 높은 타워 맨션은 도쿄의 도라노몬 힐즈 레지던스(虎ノ門ヒルズレジデンス)로, 52층 221m의 높이를 자랑합니다. 두 번째로 높은 타워 맨션은 오사카의 더 기타하마(The Kitahama)로 54층 209m이며, 기타하마 타워(北浜タワー)라고도 불립니다. 이것은 도쿄타워 전망대 포인트인 메인 데크(150미터)보다 훨씬 높습니다.

타워 맨션의 장점은 조망, 채광이 좋고, 공용 시설, 방범 시설이 잘 갖춰져 있다는 점을 들수 있지만 고층 빌딩이기 때문에 엘리베이터 대기 시간이 길어지거나 지진 시 흔들림이 심하다는 단점이 있습니다.

◀ 도라노몬 힐즈 레지던스

☁ 임대 시스템

임대

일본에서 처음 주거지를 찾을 때 집을 살 것인지 **임대(賃貸)**로 할 것인지 결정해야 하는데, 집을 사는 것은 비용이 많이 들기 때문에 우선 임대로 살기 시작하는 것이 일반적이다. 임대의 경우 단독주택은 구하기 어려우므로, 보통 공동주택을 선택하는 경우가 많다. 총무성 통계국의 2018년 주택·토지 통계 조사에 따르면, 거주용 셋집의

1개월당 집세(家賃)는 전국 평균 5만5,695엔인 것으로 나타났으며, 2013년 조사와 비교해 집세가 3%나 올랐다. 가장 비싼 곳은 도쿄도 약 8만1천엔, 2위 카나가와현 약 6만 8천엔, 3위 사이타마현 약 5만9천엔이었고 수도권이 상위권을 차지했다. 그러나 이것은 어디까지나 평균이며, 도쿄의 신쥬쿠에서 가족 4명이 사는 맨션을 빌리면 약 20만엔 정도 든다. 생계를 유지하려면 집세는 월급의 3분의 1 이하로 해야 하기 때문에 월급으로 20만엔을 받는다면, 집세는 관리비를 포함해 약 6만엔 정도가 기준이 된다.

	도도부현	평균 월세(엔)
1	**도쿄도**	81,001
2	**가나가와현**	68,100
3	**사이타마현**	59,358
4	**지바현**	57,421
5	**오사카부**	55,636
6	**호고현**	55,337
7	**교토현**	54,605
8	**아이치현**	52,492
9	**시즈오카현**	50,038
10	**미야기현**	48,894

◀ 2018년 주택 · 토지 통계 조사에 따른 일본 평균 집세 순위

임대주택에 입주할 때 필요한 것은 월세뿐만이 아니다. 입주 시에 **레이킨(礼金)**이나 **시키킨(敷金)**, 중개 수수료 등을 내야 한다. 레이킨은 사례금 명목으로 집세 이외 집주인에게 지불하는 일시금이며, 퇴거 시 돌려받지 못한다. 일반적으로 집세의 1~2개월분을 지불하는 경우가 많지만, 지역에 따라 차이가 있다. 최근에는 레이킨이 없는 임대주택도 늘어나고 있다. 시키킨은 방 수리비나 월세 체납 때 충당되는 예치금이며, 퇴거할 때까지 방을 깨끗이 쓰고 매달 빠짐없이 월세를 내면 퇴거 시 전액을 돌려받을 수 있다. 시키킨도 집세의 1~2개월분 정도이다. 중개수수료는 부동산 회사에 지불하는 돈으로, 집세의 1개월분이 상한으로 정해져 있다. 그 외에 임대 조건에 따라 화재보험 가입이 요구되거나 열쇠 교환비용을 지불할 수도 있다.

다양한 임대 맨션

위클리 맨션(ウィークリーマンション)은 일반적으로 1주일 단위로 계약할 수 있는 단기 임대 아파트이다. 일본에서 1983년에 탄생했으며, 편리성 때문에 많은 사람들이 이용해 왔다. 단기 임대 주택은 일반 임대 주택과 달리, 가구 및 가전을 갖춘 데다가 보증금, 사례금이 없기 때문에 초기비용을 줄일 수 있다. 반면, 장기간 거주하는 경우 일반 임대 주택에 비해 임대료가 비싸며 가구나 가전을 스스로 선택할 수 없는 단점도 있다. 한 달 넘게 체류할 경우 **먼슬리 맨션(マンスリーマンション)**을 이용하면 한 달 단위로 계약할 수 있다. 단, 최근에는 하루 단위로 계약할 수 있는 관리회사도 많아져 위클리와 먼슬리의 구분이 없어져 가고 있다. 2000년대 이후 규제 완화, 고령화 가속, 개인 니즈의 다양화 등을 배경으로 거주자 생활양식에 맞추어 다양한 스타일의 임대 맨션이 시장에 등장하고 있다. **셰어하우스(シェアハウス)**는 입주자 개인실과 별도로 입주자가 공동으로 이용할 수 있는 공유 공간을 갖춘 임대주택을 말한다. 공유 거실이나 커뮤니티 공간이 설치되어 있어 공간을 공유하며 입주민들과 교류를 즐길 수 있는 주거공간으로 젊은 층을 중심으로 인기를 끌고 있다.

▲ 반려동물 발 샤워시설

반려동물 공생형 맨션(ペット共生型マンション)은 건물 자체가 반려동물과 같이 생활하는 것을 전제로 한다. 반려동물의 발을 씻길 수 있는 샤워 시설과 반려동물의 냄새를 제거할 수 있는 공기청정기 등 처음부터 설비가 갖춰져 있어 보호자와 반려동물, 그리고 같은 아파트의 주민 모두가 스트레스 받지 않고 생활할 수 있다. 심지어 부지 내에 동물병원, 펫숍 등이 병설된 곳도 있다.

고령화 사회에 대응한 **실버 맨션(シルバーマンション)**은 내부시설이 신체적 약자도 살기 좋은 **배리어 프리(バリアフリー)** 구조로 되어 있어, 고령자가 안심하고 생활

할 수 있게 안부를 확인하거나 생활 상담 서비스가 제공되고 있다. 또, 의료 기관, 간호 사업소가 같은 건물내에 들어가 있어 긴급 시에 응급상황에 대응할 수 있는 체계를 갖추고 있는 곳도 있다.

라이더스 맨션(ライダーズマンション)은 주거공간에 오토바이를 둘 수 있고, 엘리베이터와 복도의 폭이 넓어서 쉽게 밖으로 오토바이를 들고 나갈 수 있는 구조로 되어 있다. 무엇보다 주차나 도난을 걱정할 필요가 없기 때문에 오토바이를 좋아하는 사람들에게는 인기 있는 임대주택이다.

⋯⋯▶ 일본의 대학교에는 기숙사가 있을까요?

일본에서는 집을 떠나 대학교에 진학하면 혼자 자취하는 경우가 대부분입니다. 기숙사가 있는 대학교도 있지만, 한국과 비교하면 적고 규모도 그리 크지 않습니다. 요즘 학생들은 다른 사람들과 같이 방을 쓰는 것을 좋아하지 않기 때문에 개인실을 제공하는 대학도 많아졌지만, 4년 내내 기숙사에서 생활하는 사람은 거의 없으며 2학년이 되면 대부분 방 한 칸짜리 작은 아파트나 원룸 맨션(ワンルームマンション)으로 방을 옮깁니다. 혼자 생활하는 것은 기숙사와 달리 통금시간 등의 제약이 없고, 사생활이 지켜지는 환경이므로 마음 편하게 지낼 수 있다는 것이 매력이라고 할 수 있습니다. 그러나 도시에 살면 월세가 비싸기 때문에 생활비가 많이 듭니다. 참고로 도쿄 도심의 한 사립대학교 주변 원룸 평균 월세는 7~8만엔입니다. 따라서 혼자 자취하는 대부분의 학생들은 아르바이트를 하고 있습니다.

🌥 집 구조

마도리

마도리(間取り)는 집의 구조, 방 배치를 나타내는 것이다. 부동산 게시판이나 포털사이트 등에 들어가면 마도리를 평면도로 보여주는 **마도리즈**(間取り図 – 방 배치도)가 올라와 있어, 그 집의 삶을 구체적으로 상상하는 데 도움을 준다. 마도리즈에는 '1K'나 '3LDK'와 같은 표기가 있는데, 앞자리 숫자는 방의 개수를 나타낸다. 'L'은 **거실**(リビング), 'D'는 **식당**(ダイニング), 'K'는 **부엌**(キッチン)을 뜻하고 '1K'는 방 하나에 부엌이 달린 집, '3LDK'는 방 3개에 거실과 식당과 부엌이 있는 집이다.

방은 일본식과 서양식이 있으며 일본 전통 **다다미**(畳)가 깔려 있는 일본식 방을 **와시쓰**(和室)라고 한다. 다다미는 말린 볏짚을 단단히 압축해 두께 5cm 정도의 판상형으로 가공한 것이며, 조습성과 보온성이 뛰어나다. 한편, 마루나 카펫이 깔려 있는 서양식 방은 **요시쓰**(洋室)라고 한다. 과거 일본에서는 와시쓰가 주를 이루었으나, 서양식 문화가 보편화되면서 서양식 방인 요시쓰가 주류를 이루게 되었다. 최근 지어진 일반적인 주택은 몇 개의 요시쓰에 와시쓰가 하나 있는 일본식과 서양식을 절충한 구조나, 집 전체가 요시쓰만 있 서양식 구조로 만들어져 있다.

일본에서는 방의 넓이를 나타낼 때 '**조**(帖/畳)'라는 단위를 사용하고 있고, 일조(1帖)는 다다미 1장의 크기를 의미한다. 주택면적 표시에는 'm²' 아니면, '**쓰보**(坪 – 평)'라는 단위가 사용되는데, 쓰보는 보통 다다미 2장 넓이를 나타낸다.

◀ 3LDK의 마도리즈

현관

일본의 **현관(玄関)**은 신발을 신고 걸을
수 있는 부분과 그보다 한 계단 높은 신발을
벗고 올라가는 부분으로 나뉜다. 그래서 일
본어로 '집에 들어간다'고 할 때 보통 현관을
올라가기 때문에 '하이루(入る −들어가다)'
는 말보다 '아가루(上がる −올라가다)'라는

▲ 현관

말을 더 많이 사용한다. 한 계단이 높게 만들어지는 이유는 흙먼지가 방에 들어오지 않
게 하고, 편하게 앉아서 신발을 신기 위해서이다.

현관에는 보통 **게타바코(下駄箱)** 혹은
구쓰바코(靴箱)라는 신발장이 설치되어 있
다. 손님으로 초대를 받아 현관에서 집으로
들어갈 때 벗은 신발은 현관 입구 쪽으로 돌
려 가지런히 정리하는 것이 기본 매너이므로
주의해야 한다. 현관에서 각 방으로 연결되
는 긴 **복도(廊下)**가 뻗어 있는 경우가 많다.

▲ 복도

욕실

일본인은 세계적으로 목욕을 좋아하는 국민
으로 유명하다. 매일 목욕을 하며 그날의 피로
를 푸는 것을 일과로 삼고 있다. 일본의 일반
적인 주택은 대부분 욕실과 화장실이 분리되어
있고 욕실에는 욕조가 설치되어 있다. 과거에
화장실은 집 밖에, 욕실은 집 안에 있었기 때

▲ 욕실과 욕조

문에 화장실이 집 안에 들어온 현대에도 그대로 욕실과 공간이 분리된 형태가 되었다.

욕실에는 몸을 씻는 공간이 있으며, 먼저 몸을 다 씻고 욕조에 들어간다. 가족과 함께 살고 있는 경우 교대로 같은 물을 사용하기 때문에, 물이 더러워지지 않도록 하기 위해서이다. 욕조의 물이 식어도 욕실 벽에 설치된 온도조절기로 온도를 올릴 수 있으며 일정 시간 수온을 유지할 수도 있다. 욕실에는 탈의실이 있고, 세면대는 보통 탈의실 안이나 욕실 옆에 따로 설치된 **세면실(洗面所)**에 있다.

▲ 탈의실 겸 세면실

▲ 유닛배스

독신 거주자나 대학생이 많이 이용하는 원룸 맨션은 공간이 좁기 때문에 욕실과 화장실 일체형인 **유닛 배스(ユニットバス)**가 사용되는 경우가 많다. 유닛 배스는 몸을 씻고 욕조에 몸을 담그기에 불편하기 때문에 바쁜 일상 속에서 샤워만 하는 사람이 늘고 있다.

화장실

일본에는 두 종류의 화장실이 있는데, 쭈그리고 앉아 사용하는 것을 **와시키 토이레(和式トイレ－동양식 변기)**, 걸터앉아서 사용하는 것을 **요시키 토이레(洋式トイレ－서양식 변기)**라고 한다. 최근 장애인이나 고령자에게 신체적 부담이 가는 와시키 화장실보다 편하게 사용할 수 있는 요시키 화장실의 보급율이 공공장소나 가정내 증가하고 있다. 그와 함께 비데(온수 세정 변좌)를 갖춘 변기가 늘어나고 있으며, 2022년 3월 현재 비데의 일반 가구 보급률은 80%가 넘는다. 일본에서는 비데를 TOTO의 상표인 **워시렛(ウォシュレット)**, 혹은 INAX의 상표인 **샤워 토이레(シャワートイレ)**라고 부르는 것이 일반적이다.

···› **가족 중 누가 먼저 목욕을 해요?**

한 사람이 목욕한 후에 물을 버리지 않고, 온 가족이 같은 목욕물을 사용하는 것이 예부터 내려온 일본의 목욕 문화입니다. 가부장제가 뿌리내린 옛날에는 물이 가장 깨끗한 상태로 먼저 목욕하는 사람은 집안의 가장이었고, 부인이나 며느리는 제일 마지막에 들어가는 것이 일반적이었습니다. 다만 그 시대에도 유아와 어린 아이가 있는 여자의 경우, 먼저 목욕하도록 하는 예도 있었습니다.

현대에 와서는 특별히 정해진 순서는 없으며, 각 가정에 따라 다르지만 들어가고 싶은 순서대로 목욕하는 것이 보통입니다. 대게 밖에서 일하는 사람의 귀가가 마지막이 되는 경우가 많아, 자연스럽게 목욕도 제일 마지막이 되어 버리는 경우가 많습니다. 그리고 손님이 묵을 때는 먼저 목욕을 권하는 것이 예의입니다.

🌰 전통 가옥

국토가 남북으로 긴 일본은 아열대에 속하는 오키나와에서 아한대에 속하는 홋카이도까지 기후도 식생도 다양하다. 이러한 기후에 맞추어 각 지방마다 독자적인 문화를 가꾸어, 전통 가옥의 조성방식도 지역별 특색을 지닌다. 일본식 가옥은 공통적으로 나무나 종이, 흙 등의 소재를 이용하여 자연과 조화를 이루며 발전해 왔다. 전통적 일본 가옥은 일본의 문화를 키워 온 상징이기도 하며, 자연을 향해 열린 일본식 가옥의 구조는 일본인의 정신세계를 크게 반영한 것이기도 하다.

후스마

나무 등으로 만든 뼈대 양면에 두꺼운 종이를 바른 **후스마**(襖)는 일본식 가옥의 방과 방 사이를 구분하거나 미닫이문으로 사용된다. 후스마의 종이는 통기성이 좋고, 습기를 흡수하므로 실내 습도를 낮추는 효과가 있다. 또 후스마는 틀에서 쉽게 떼어낼 수 있어서 연회나 장례, 제사 때는 방과 방을 연결해 공간을 넓게 확장하여 사용할 수 있다.

◀ 후스마

오시이레

와시쓰에는 **오시이레(押入れ)**라는 벽장이 있으며, 방 한쪽의 안쪽 벽을 차지하는 공간으로 벽장문은 후스마로 되어 있다. 오시이레라는 말은 '밀어서 넣는다'는 뜻이며, 이불, 의류, 가재도구 등을 수납하는 데 사용한다. 세계적으로도 널리 알려진 만화

▲ 오시이레

〈도라에몽〉의 주인공 도라에몽이 자고 일어나는 장소로도 유명하다.

쇼지

가로 세로로 짠 뼈대 한쪽 면에 얇은 **와시(和紙 – 일본 종이)**를 바른 **쇼지(障子)**는 방과 복도 사이를 구분하거나 창으로 사용된다. 쇼지는 통풍이 잘 되며 햇빛이 잘 들어와서 방을 밝게 하는 효과가 있다. 서양식 구조의 가옥이 늘어나면서 쇼지를 사용하는 방은 줄어들고 있지만 최근에는 인테리어로서 사용되기도 하고, 유리창과의 조합에 의한 단열 효과나 자외선의 경감 효과 등으로 재평가를 받고 있다.

◀ 쇼지

도코노마

도코노마(床の間)는 와시쓰 안쪽에 만들어진 곳으로, 다다미보다 한 단 높은 위치에 네모나게 움푹 들어간 공간이다. 벽에는 족자(掛け軸), 바닥에는 꽃꽂이(生け花)나 항아리 등을 장식한다. 도코노마가 있는 방은 다른 방보다 격식이 높은 것으로 인식되어 예로부터 다도나 손님을 접대하는 장소로 사용되었으며, 도코노마에 제일 가까운 자리가 상석으로 손님이 앉는 자리가 된다.

◀ 도코노마

엔가와

엔가와(縁側)는 일본식 가옥의 방과 마당 사이에 만들어진 통로로, 마당에서 올라올 때 사용하는 널빤지가 깔린 툇마루를 가리킨다. 현관 옆에 엔가와가 있는 주택에서는 접객 공간으로 활용하거나 이웃 사람과 교류하는 장소가 되기도 한다.

또한 엔가와는 옥내와 옥외 사이의 완충 지대가 되어 실내 온도를 일정하게 유지해 주는 기능이 있다. 그러나 넓은 공간을 차지하기 때문에 최근 엔가와가 있는 집이 드물어지고 있다.

▲ 엔가와

복도와 계단

한국의 집은 현관을 들어서자 바로 거실로 들어가게 되거나 거실이 훤히 보이는 구조이며, 주방과 식당, 그리고 각 방들이 거실 외곽에 붙어 있어 복도라는 개념 자체가 거의 없다. 한편, 일본에서는 잇코다테든 맨션이든 현관을 들어서면 복도가 있고, 복도가 거실이나 다른 방들로 연결되어 있다.

▲ 계단

일반적인 잇코다테는 2층집이 가장 많으므로 1층에서 2층으로 올라가기 위한 계단이 설치되어 있다. 한국의 2층집은 실외에 계단이 설치된 경우도 많지만, 일본의 2층집은 실내에 설치된 경우가 일반적이다.

난방기구

일본의 전통 가옥은 무더운 여름에는 쾌적하게 지낼 수 있는 반면, 겨울에는 건물 구조상 한국처럼 온돌과 같은 난방을 설치할 수 없으므로 추운 지방에서는 실내 온도가 굉장히 낮아진다. 그러한 추위를 견디기 위해 예로부터 **고타쓰(こたつ)**가 널리 사용되고 있다.

◀ 고타쓰

오늘날 사용되는 고타쓰는 상 밑에 전열기구가 붙어 있는 형태이며, 열이 빠져나가지 않도록 이불을 덮고 그 위에 상판을 얹어 사용한다. 전기가 없던 시절에는 전열기구 대신 화로(火鉢)를 사용하거나, 바닥을 한 단계 낮추고 거기에 숯이나 연탄을 놓아 따뜻하게 하는 호리고타쓰(堀ごたつ)를 사용했다. 호리고타쓰는 고타쓰 안이 넓고 걸터앉을 수 있다는 장점이 있다.

그 외 옛날 난방기구로 **이로리(囲炉裏)**가 있다. 이로리는 방 한가운데 바닥을 네모로 파내고 재를 깐 위에 숯과 장작을 피워 난방용, 취사용으로 사용되었다. 현재도 시골이나 관광지에 가면 이로리가 사용되고 있는 가옥을 볼 수 있다.

◀ 이로리

제 2 부

일본의 전통문화

Ⅰ 종교

Ⅱ 결혼과 장례

Ⅲ 연중행사

Ⅳ 전통 예능과 예술

Ⅰ 종교

🌥️ 일본인의 종교관

"멸치 머리도 신심부터(鰯の頭も信心から－멸치 머리도 그것을 믿는 사람에게는 공경할 만하다)"라는 속담이 있듯이, 일본에는 예로부터 믿음이 깊은 사람이 많았고 일본 문화와 종교는 떼려야 뗄 수 없는 관계에 있다. 한편, 일본에는 수많은 종교 단체와 종교 시설이 있으며 일본 문화에는 여러 종교의 관습이 혼재되어 있어 신앙 대상에 일관성이 없어 보일 수도 있다.

전통적 종교로는 신토(신도)와 불교가 있으며, 그리스도교 및 다양한 신흥종교도 볼 수 있다. 신흥종교를 포함한 일본 내 종교의 신자 수는 **신토신자 수와 불교신자 수가 대부분으로, 신토와 불교가 총 신자 수를 반반씩 차지하고 있다.** 반면, 가톨릭(천주교)과 프로테스탄트(신교) 등 그리스도교의 신자 수는 약 1% 정도이다. 그런데 문화청 통계에 따르면 총 신자 수는 실제 일본 인구의 140%를 초과한다고 하며, 이것은 그만큼 여러 종교를 믿는 사람들이 많다는 것을 의미한다.

구분	신자 수	비율
신도계	87,236,585명	48.6%
불교계	83,242,856명	46.4%
정교회	7,113,088명	4%
그리스도교 (교회)	1,967,584명	1.1%
전체 신자 수	179,560,113명	

◀ 일본의 신자수 (2021년 조사)

　토착신앙을 기원으로 하는 신토는 본인의 신앙심과 상관없이 일본인의 일상생활에 밀착되어 있다. 6세기 전래된 불교는 다양한 종파로 나뉘어 특히 에도 시대(江戸時代/1603-1868) 이후 장례식 문화와 관계가 깊고, 신토와도 밀접한 관계가 있어 신토와 불교는 일본인의 사생관(死生觀)에 큰 영향을 미치고 있다.

　가톨릭과 프로테스탄트 등 그리스도교는 서양에서 들어온 비교적 새로운 종교로, 근대 이후 재빨리 서양 문화를 받아들인 지식인들의 신앙이 되는 경우가 많았으며, 현재도 일본 내 서양 문화, 일본인의 서양에 대한 인식과 밀접한 관계 속에 결혼식 문화와도 관계가 깊다.

　일본인은 설날 아침에 진자(신사)에 가서 참배를 하고, 장례식이나 제사는 불교식으로, 결혼식은 교회에서, 일상 속에서는 점이나 운세 등 신비로운 무언가를 믿으면서 산다. 이처럼 여러 종교 문화가 혼재되어 있는 상황이 일본인의 종교관을 대변하고 있다고 볼 수 있다.

▲ 신사 참배

▲ 장례식

단, 신흥 종교 혹은 신종교라고 불리는 근대 이후에 새로 생긴 종교에 대해서는 광신도적 이미지가 있으며, 실제 신종교 광신도들에 의한 사회적 문제가 발생한 적도 있다. 그래서 일반 사람들이 거부감을 느낄 수 있으므로 대중 매체에서 종교를 직접 다루는 데 주저하는 분위기이다. 따라서 일본에서는 **일상에서 종교에 관해 이야기하는 것은 기피하는 경향이 있다.**

◀ 별자리 운세

🌥 신토

일본 고유의 신을 모시는 제사 시설인 **진자(神社 – 신사)**는 도시에도 시골에도 산에도 바다에도 외딴섬에도 일본 각지 어디에나 있다. 진자에서 모시는 신에 대한 신앙이 일본 고유의 종교인 **신토(神道 – 신도)**이다. 근대 이후 조직적으로 확립된 측면이 있으나, 원래는 고대부터 지역적으로 이어져 온 애니미즘적인 토착 신앙이다.

신토의 신

신토에는 특정한 교주나 교전이 없다. 영적 존재에 대한 믿음과 자연에 대한 관념적 민속신앙이 발전되어 일본 각지에 진자(신사)가 지어졌으며, 모시는 신들은 진자마다 다르다. 대표적으로는 **아마테라스 오미카미(天照大神)**나 **오쿠니누시(大国主)**

등 고대 역사서인 『고지키(古事記 - 고사기)』나 『니혼쇼키(日本書紀 - 일본서기)』에 기록된 일본 신화의 신들을 비롯하여, 역사적 인물이나 자연, 동물을 신격화한 것 등 다양하다. 이렇듯 '수많은 신들'이라는 뜻으로 '야오요로즈노 가미(八百万の神)'라고 부른다. 또한 씨족신인 우지가미(氏神)나 지역 수호신인 진주(鎮守)를 모시는 진자가 일본의 각 마을마다 있다.

▲ 아마테라스 오미카미

▲ 오쿠니누시

▲ 고지키(고사기)

▲ 니혼쇼키(일본서기)

진자(신사)

진자(신사) 입구에는 **도리이(鳥居)**라는 진자의 영역을 나타내는 문이 있다. 도리이 좌우 양 옆이나 본전 앞에는 사자를 닮은 상상의 동물상인 **고마이누(狛犬)**가 설치되어 있다. 곡식·농업의 신인 이나리신을 모시는 **이나리진자(稲荷神社)**에서는 고마이누 대신 **여우상**이 설치되어 있다. 여우가 유부를 좋아하기 때문에 유부초밥을 이나리즈시, 혹은 오이나리상이라고 부르는 것은 이나리진자에서 유래한다.

▲ 도리이

▲ 고마이누

◀ 여우상

진자에서는 건강, 안전, 순산, 합격 등을 기원하는 부적 **오마모리(お守り)**나 길흉을 점치는 제비인 **오미쿠지(おみくじ)**, 소원을 적어 봉납하는 나무판인 **에마(絵馬)** 등을 판매하고 있다. 신토를 믿는 사람이 아니더라도 설날에 참배하는 하쓰모데(初詣)나 아이의 성장을 기원하는 오미야마이리(お宮参り), 시치고산(七五三) 등 특별한 날에는 많은 사람들이 진자를 방문한다.

▲ 오마모리

▲ 오미쿠지

◀ 에마

　또한 진자 모양을 본뜬 제단 선반을 **가미다나(神棚)**라고 하며, 일반 가정이나 가게, 회사 사무실 등에서 천장 바로 밑 등 높은 곳에 설치한다.

◀ 가미다나

대표적 신사

천황은 일본 신화에 나오는 신들의 후손으로 여겨지므로, **신토와 진자는 예로부터 황실과 인연이 깊다.** 신화에 등장하는 황실의 조상신이나 실존했던 황족을 신으로 모시는 진자에는 진구(神宮 – 신궁)라는 명칭이 사용된다. 일본 전국에 있는 대부분의 진자는 독립된 종교 시설이지만, 미에현(三重県) 이세시(伊勢市)의 **이세 진구(伊勢**

▲ 이세 진구

神宮 – 이세 신궁)를 총종(본거지)으로 하는 **진자혼초(神社本庁 – 신사본청)** 가 전국의 진자 약 8만여 곳을 총괄한다. 이세 진구는 고대부터 진자의 최고 위에 자리했으며, 황족의 조상신인 아마테라스 오미카미를 모시는 진자이다. 가장 유명한 진자로서 일본 내에서는 물론 해외에서도 매년 많은 관광객들이 방문한다.

이세 진구와 마찬가지로 고대에 지어진 오래된 신사로 시마네현(島根県) 이즈모시(出雲市)의 **이즈모 오야시로/다이샤(出雲大社 – 이즈모 대사)** 가 유명하다. 음력 10월에는 이즈모 오야시로에 전국의 야오요로즈노 신들이 모여 회의를 개최한다는 속설이 있다. 음력 10월을 한자로 '신이 없는 달'이라

▲ 이즈모 오야시로

고 쓰고 간나즈키(神無月)라고 하는데, 전국의 온갖 신들이 이즈모에 가서 없어지기 때문이라고 한다. 반대로 이즈모에서는 음력 10월을 '신이 있는 달'이라는 뜻으로 가미아리즈키(神在月)라 부른다.

전국 약 3만 개의 이나리진자의 총본사(본거지)인 교토시(京都市)의 **후시미이나리 다이샤(伏見稲荷大社 - 후시미이나리 대사)**도 유명하다. 많은 도리이가 터널처럼 늘어선 센본 도리이(千本鳥居)가 압도적인 경관을 이룬다. 또한 헤이안 시대(平安時代 / 794 - 1185) 귀족이자 학자인 **스가와라노 미치자네(菅原道真)**를 학문의 신으로 모시는 덴만구(天満宮 - 천만궁)는, 전국 1만 2천 개 덴만구의 총본궁(본거지)으로 후쿠오카현(福岡県) 다자이후시(太宰府市)의 **다자이후 덴만구(太宰府天満宮 - 다자이후 천만궁)**는 전국적으로 인기가 많은 진자다.

▲ 후시미이나리 다이샤

▲ 후시미이나리 다이샤의 센본 도리이

▲ 다자이후 덴만구

▲ 학문의 신 스가와라노 미치자네

황실이 복권된 근대 이후에는 군국주의 정부가 국가와 국민을 통제하기 위해 천황을 신격화시켜 **아라히토가미(現人神 - 현인신)**라고 부르며, 황실의 권위와 신토를 연결시켜 신토의 국교화를 도모했다. 이러한 신토의 형태를 **곳카신토(国家神道 – 국가신도)**라고 한다. 이처럼 신토는 전쟁을 정당화하려는 국가주의, 군국주의 사상과 깊게 연결되어 있다는 부정적인 측면도 있으며, 이는 A급 전범들이 합장된 도쿄의 **야스쿠니 진자(靖国神社 – 야스쿠니 신사)**와 이를 둘러싼 국제적인 논란으로 그 흔적이 남아 있다.

····› 하쓰모데는 데이트 코스?

며칠 전 크리스마스 파티를 즐겼던 사람들이 연말연시가 되자 진자에 가고, 장례식에는 절에서 스님을 부르고, 결혼식은 교회에서… 매일 아침 '오늘의 운세'에 일희일비하고… 믿는 종교가 뭐냐고 묻자 무교라고 한다… 일본인들의 종교관은 한마디로 짬뽕입니다. 그러니 꼭 신토 신자가 아니더라도 많은 일본 사람들은 설날 진자에 하쓰모데를 가죠. 하쓰모데는 새해에 참배하면서 그 해의 건강과 행복, 기타 개인적인 소원을 빌고 다짐하는 것으로 원래는 엄숙한 행사일 텐데 대부분의 사람들에게는 그러한 엄숙함은 바람과 함께 사라지고 즐거운 나들이라는 이미지가 더 강한 것 같습니다.

가족끼리 혹은 친구끼리도 가지만, 연인이 있으면 연인끼리 가겠죠. 하쓰모데는 연인들의 대표 데이트 코스라 할 수 있습니다. 나란히 기도하면서 짝이 무엇을 빌었는지 궁금해하기도 하고, 같이 추위에 떨면서 따뜻한 아마자케(甘酒 – 감주)를 마시고, 데미세(出店 – 노점)에서 다코야키나 야키토리 등을 먹으며, 오미쿠지를 뽑고, 에마에 소원을 적는다… 이것이 설날 연인들의 필수 코스라 할 수 있습니다. 이런 즐거운 시간이 기다리고 있으니 연인들은 부디 해를 넘기기 전에 헤어지지 않기를…

☁ 불교

불교의 일본 전래

불교(仏教)는 인도에서 중국과 한반도를 거쳐 6세기에 일본에 전해졌으며, **아스카 시대**(飛鳥時代 / 592 – 710) 황족이자 정치인인 **쇼토쿠타이시**(聖德太子 – 성덕태자)에 의해 일본 불교의 기초가 만들어졌다. 쇼토쿠타이시는 불교 사상을 깊이 수용하고 정치에도 이를 활용했으며, 현존하는 가장 오래된 목조 건물인 나라현(奈良県)의 **호류지**(法隆寺 – 법륭사) 등을 건립하였다.

▲ 쇼토쿠타이시

◀ 호류지

헤이안 불교

헤이안 시대(平安時代 / 794 – 1185)에는 **덴다이슈**(天台宗 – 천태종)와 **신곤슈**(真言宗 – 진언종)라는 두 큰 종파가 나타났다. 덴다이슈의 개조(開祖)는 **덴교다이시**(伝教大師 – 전교대사) **사이초**(最澄)이며, 당나라에 건너가 수나라의 천태지의(天台智顗) 천태교학을 공부하고 일본으로 돌아왔다. 총본산(본거지)은 시가현(滋賀県) 오쓰시(大津市) 히에이잔(比叡山)의 **엔랴쿠지**(延暦寺 – 연력사)이다.

▲ 덴교다이시 사이초

신곤슈의 개조는 **고보다이시(弘法大師 - 홍법대사) 구카이(空海)**이며, 당나라에서 진언밀교를 배워 온갖 비법을 전수받아 귀국 후 신곤슈를 전파했으며, 현재 와카야마현(和歌山県) 고야산(高野山)에 **곤고부지(金剛峯寺 - 금강봉사)**를 수행 도장으로 건립했다. 덴다이슈와 신곤슈는 서로 영향을 주고받으면서 발전하였으며, 현재도 일본을 대표하는 큰 불교 종파로 남아 있다.

◀ 히에이잔 엔랴쿠지

◀ 고야산 곤고부지

가마쿠라 불교

헤이안 시대 말기부터 **가마쿠라 시대(鎌倉時代 / 1185 - 1333)** 초기는 정권이 귀족으로부터 무사(武士 - 부시)에게로 이행되는 전환기였으며, 전쟁과 자연재해로 인하여 민중들의 삶은 어려움을 겪고 있었다. 이러한 시기 기존 불교를 비판하면서 새로운 불교 종파가 나타났다. 이를 '가마쿠라 불교', 혹은 '가마쿠라 신불교'라고 부르며, 일반적으로 다음 여섯 종파를 가리킨다.

계열	종파	개조	특색
정토교 じょう ど きょう **浄土教**	조도슈 じょう ど しゅう 浄土宗 – 정토종	 ほうねん 호넨 法然 出처: 위키피디아	나무아미다부쓰(南無阿弥陀仏 な む あ み だ ぶつ – 나무아미타불)라고 **염불**을 외며 아미타불의 극락정토로 왕생하여 성불하는 것을 설파한다.
	조도신슈 じょう ど しんしゅう 浄土真宗 – 정토진종	 しんらん 신란 親鸞 出처: 니시혼간지 별사이트	호넨의 가르침을 발전시켜 아미타 불을 믿고 염불을 외면 악인도 아 미타불의 힘으로 정토로 왕생할 수 있다고 설파한다.
	지슈 じ しゅう 時宗 – 시종	 いっぺん 잇펜 一遍 出처: 위키피디아	믿든 믿지 않든 세상 누구든 염불 을 외기만 하면 모두 정토로 왕생 할 수 있다고 설파한다.
법화종 ほっ け しゅう **法華宗**	니치렌슈 にちれんしゅう 日蓮宗 – 일련종	 にちれん 니치렌 日蓮 出처: 위키피디아	**법화경**(묘법연화경)만이 부처님의 유일하고 최상의 가르침이며, 법화 경에 귀의해야만 사람도 세상도 구 제받을 수 있다고 설파한다. 홋케 슈(法華宗 – 법화종)라고도 한다. ほっ け しゅう
선종 ぜんしゅう **禅宗**	린자이슈 りんざいしゅう 臨済宗 – 임제종	 えいさい 에이사이 栄西 出처: 위키피디아	스승과 제자의 선문답으로 수행이 이루어진다. **좌선**을 하면서 주어진 물음에 하나씩 답하면서 깨달음을 얻게 된다고 설파한다.
	소토슈 そうとうしゅう 曹洞宗 – 조동종	 どうげん 도겐 道元 出처: 오린지 별사이트	오로지 좌선을 통해서만 깨달음을 얻게 되며, 세속과 어울리지 않고 고된 수행을 해야 함을 설파한다.

가마쿠라 불교는 귀족이나 무사 계급은 물론 상인, 농민 등 여러 계층의 민중들에게도 폭넓게 받아들여졌으며, 덴다이슈와 신곤슈와 함께 현재 일본의 불교 종파 세력을 이루는 구도의 기초가 되었다.

불교의 형해화

에도 시대(江戸時代 / 1603 – 1868)에 이르러 지역 주민의 호적 정보를 불교 사찰이 관리하는 제도가 확립되는데, 이를 **단카 제도(檀家制度)** 혹은 **데라우케 제도(寺請制度)**라고 한다. 1612년의 그리스도교 금지령 이후, 그리스도교 신자는 탄압을 면하기 위해 자신이 불교 사찰의 단카(檀家 – 특정한 절에 소속하는 불교 신자)임을 증명할 필요가 있었다. 사실상 모든 민중들이 불교 사찰의 단카가 되어야만 했던 것이다. 불교 사찰이 민중들의 장례에 관한 모든 행사를 맡았으며, 승려들은 사찰을 경영하는 직업 승려가 되면서 형식적인 불교의 모습으로 현재까지 이어져 왔다. 그러한 불교의 상황을 비꼬아 소시키붓쿄(葬式仏教 – 장례식 불교)라고 부르게 되는 계기가 되었다.

신불습합

토착 신앙으로서 예로부터 일본 사회에 뿌리내린 신토(신도)와 외래 종교인 불교가 융합하여, 신토와 불교의 경계가 불분명해지고 신토의 신과 부처를 동일시하는 현상을 **신불습합(神仏習合)**이라고 한다. 물리적으로도 신사에 불상을 안치하거나 절에 도리이가 있는 경우가 있다. 이러한 상황은 메이지 시대(明治時代 / 1868 – 1912) 초기의 신불분리(神仏分離) 정책이 시행될 때까지 계속되었고, 현재까지도 그 흔적과 사고방식이 남아 있다.

▲ 교토 기요미즈데라(清水寺)의 도리이

⋯⋯→ 팝한 신들? 시치후쿠진

일본의 짬뽕 종교, 신불습합의 종교관을 나타내는 대표적인 예로 시치후쿠진(七福神 – 칠복신)을 들 수 있습니다. 시치후쿠진은 예로부터 일본 서민들에게 인기가 많은 일곱 명의 신들이며, 복을 가져온다고 믿어지고 있는 민간 신앙 속 신들입니다.

일본 신화에서 유래한 에비스(恵比寿)는 어업의 신으로 '에벳산(えべっさん)'이라는 애칭으로 불리며 사랑받고 있습니다. 음식과 재물의 신인 다이코쿠텐(大黒天)은 힌두교와 불교에서 유래한 신이지만, 한자 음독 발음이 일본 신화 속 오쿠니누시와 같아 혼동되어 왔습니다. 에비스와 다이코쿠는 시치후쿠진 중에서도 가장 인기 많은 신으로, 캐릭터화되어 상업적으로도 많이 이용됩니다. 비샤몬텐(毘沙門天)은 힌두교와 불교에서 유래한 싸움의 신입니다. 벤자이텐(弁才天)은 힌두교와 불교에서 유래한 여신으로, 음악(예술)과 지혜, 재물의 신으로 '벤텐산(弁天さん)'이라는 애칭으로 사랑받고 있습니다. 후쿠로쿠주(福禄寿)와 주로진(寿老人)은 도교에서 유래한 신으로, 부와 장수를 가져온다고 합니다. 호테이(布袋)는 당나라 말기에 실재했던 승려에서 유래하여 미륵보살의 화신이라고 여겨지는 신으로, 항상 부드럽게 웃는 얼굴로 가정에 행복을 가져온다고 합니다.

불교에서 유래한 신들이 많아 이들을 모시는 절은 물론, 신사도 일본 곳곳에 있습니다. 또한 복의 상징으로 시치후쿠진과 관련된 장식품도 많이 판매되고 있습니다.

◀ 시치후쿠진

☁ 그리스도교와 신종교

일본의 종교는 신토(신도)와 불교가 대부분을 차지하지만 그리스도교를 비롯하여 다른 종교도 존재한다. 그리고 근대 이후에 새로 나타난 신흥 종교도 많이 있는데, 이를 전문적으로는 **신종교(新宗教)**라고 부른다.

그리스도교

일본의 **그리스도교(キリスト教)**는 전체 신자수의 1% 정도이며 한국에 비하면 극소수임을 알 수 있다. 크게는 **가톨릭(カトリック - 천주교)**과 **프로테스탄트(プロテ스탄トーー신교)**로 나뉜다. 1549년, 스페인의 예수회 선교사 프란시스코 사비에르(Francisco de Xavier)가 가고시마현에서 처음으로 포교를 시작하였다. 1587년, 도요토미 히데요시(豊臣秀吉)에 의해 그리스도교가 금지되었으며, 에도 시대(1603-1868)에 들어 다시 금지된데다가 오랫동안 그리스도교에 대한 쇄국 정책을 시행했었기 때문에 일본에서 발전하지 못했다.

근대 메이지 시대(明治時代 / 1868-1912)에 포교가 용인되었으며, 헌법상에서도 신교의 자유가 명문화되었다. 그러나 신토와 불교라는 2대 기성 종교의 반발과 군국주의 정부의 국가신토라는 신토의 국교화 정책으로 인하여, 그리스도교는 제2차 세계대전 종전 후에도 신헌법이 제정될 때까지 오랫동안 법적 근거를 지닌 종교 단체를 만들지 못했다. 그러한 상황 속에서도 그리스도교는 서양의 문화와 사상, 사고방식, 학문을 적극적으로 수용하려는 근대 지식인들에게 많이 수용되었다. 그 대표로 무교회주의(無教会主義)를 제창한 **우치무라 간조(内村鑑三 / 1861-1930)**의 사회비판적 반전주의적 그리스도교 사상은 이후 많은 근대 지식인들에게 큰 영향을 끼쳤다.

▲ 우치무라 간조

출처: 위키피디아

일본의 그리스도교는 인구에 비해 신자 수는 적지만, 문화적 측면에서 서양 문화와 거의 동일시되면서 일본 문화에 정착되었다. 특히 결혼식은 절반 정도가 그리스도교식(교회식)을 택하며 일본에서 가장 일반적인 결혼식 스타일로 인식되고 있다. 일본 내 신자 수 비율을 생각하면 그리스도교식 결혼식을 택하는 사람들의 대부분은 그리스도교 신자가 아닌 것으로 추정된다. 결혼식 외에도 크리스마스나 밸런타인데이 등 그리스도교와 관련된 행사에 많은 사람들이 자신의 신앙심과 상관없이 관심을 가지고 참여하는 경우가 많다.

크리스마스 파티 ▶

신종교

신종교는 신토계, 불교계, 그리스도교계, 기타로 나눌 수 있다. 기타에는 혼합된 종교도 있고 기성 종교와 전혀 무관한 종교도 있다.

덴리쿄(天理教 – 천리교)^{てんりきょう}는 1838년 나카야마 미키(中山みき)^{なかやま}가 설립한 신토계 신종교로 나라현(奈良県)^{ならけん} 덴리시(天理市)^{てんりし}에 본부를 둔다. 서로 도와주면서 즐겁게 사는 것을 신조로 하는 종교이다. 덴리시는 전국에서도 유일하게 종교 단체의 이름이 붙은 도시로, 많은 주

▲ 덴리쿄

민들이 신자나 교단 관계자들로서 시내에는 교단 본부는 물론, 덴리대학교나 덴리고등학교 등 교단 관계 시설이 집중되어 있다.

소카갓카이(創価学会 – 창가학회)는 1930년 불교의 종파인 니치렌슈(일련종)의 일파인 니치렌쇼슈(日蓮正宗 – 일련정종)의 신도 단체로, 초등학교 교

▲ 소카갓카이

출처: 소카갓카이 웹사이트

장이었던 마키구치 쓰네사부로(牧口常三郎)가 창설했다. 처음에는 교육 단체로서의 성격을 지녔으나 제2차 세계대전 종전 후, 도다 조세이(戸田城聖) 제2대 회장 시기에는 독립된 종교 단체로서의 성격을 지니게 되면서 급격하게 세력이 확장되었으며, 현재 공식 신자 수 800만 세대가 넘는 일본 최대의 신종교 단체이다. 이케다 다이사쿠 (池田大作) 제3대 회장 시기에는 **공명당(公明党)**이라는 정당

▲ 공명당

을 만들어 정계에 진출했으며, 2023년 현재 공명당은 최대 정당인 **자민당(自民党)**과 함께 정부 여당으로 정권을 운영하고 있다. 소카갓카이는 공명당의 견고한 지지 기반으로 정치에도 지대한 영향력을 지닌다.

신종교 단체는 사기나 상해, 테러 등 사건을 일으키기도 하며, 세뇌나 강요로 인한 정신적 피해를 입은 사람들이 발생하기도 하여 사회적 문제가 되는 경우가 많다. 가장 대표적인 예가 **오무신리쿄(才真理教 – 옴진리교)**이다. 1987년에 아사하라 쇼코(麻原彰晃)가 만든 오무신리쿄는 1995년 3월 20일 **지하철 사린 사건(地下鉄サリン事件)**

을 비롯한 일련의 끔찍한 사건들을 일으켰다. 지하철 사린 사건은 오무신리쿄 신자들이 도쿄 지하철 노선 내 다섯 곳에 맹독 가스인 사린을 동시다발적으로 살포한 사건이다. 이 사건으로 시민 14명이 사망했고 약 6,300명이 부상을 당했다.

▲ 1995년 지하철 사린 사건

⋯ 20세기 일본 최대 흉악 사건 – 오무신리쿄 사건

20세기 말엽 일본은 끔찍한 재해나 사건이 많이 일어나면서 TV 등 방송매체를 통한 잦은 보도는 국민들의 관심을 모았습니다. 그 끔찍한 재해, 사건 중 대표적인 사건이 1995년 1월 17일 새벽에 발생한 '한신 · 아와지 대지진(阪神 · 淡路大震災)'과 여러 해에 걸쳐 일어난 '오무신리쿄 사건'이라고 할 수 있습니다.

1989년의 사카모토 변호사 일가 살해 사건(坂本弁護士一家殺害事件), 1994년의 마쓰모토 사린 사건(松本サリン事件), 1995년의 지하철 사린 사건 등 오무신리쿄에 의한 일련의 흉악 사건들을 통틀어 '오무신리쿄 사건'이라고 합니다. 이러한 일련의 사건들로 인한 사망자 · 실종 자는 30명이 넘었고, 부상자는 6,000명이 넘었습니다. 결국 주모자인 교주 아사하라 쇼코를 비 롯한 교단 관계자 189명이 기소되었으며, 오랜 재판 끝에 2018년 7월, 교주 아사하라 쇼코와 교 단 관계자 13명에 대한 사형이 집행되었습니다.

오무신리쿄 사건은 일본 국민들에게 큰 충격을 주었으며, 경찰 내부에서도 충격적인 사건으 로 기록되어, 2016년 경시청(도쿄도 경찰) 140년의 10대 사건 중 압도적 득표수로 1위를 기록하 였습니다. 이 사건을 계기로 정부와 경찰은 테러와 화학 병기, 흉악 조직에 대한 대응을 한층 강 화하였습니다.

[참고문헌]
文化庁 엮음,「宗教年鑑 令和四年版 (종교연감 2022년판)」, 文化庁, 2022.
文化庁 엮음,「令和４年の宗教統計調査の結果を公表します (2022년의 종교 통계조사의 결과를 공표합니다)」, 文化庁, 2022.
警視庁 (경시청) HP, https://www.keishicho.metro.tokyo.lg.jp/about_mpd/welcome/welcome/rank_top/index.html

Ⅱ 결혼과 장례

결혼

오미아이

에도 시대(江戸時代 / 1603 – 1868) 무렵까지는 오늘날처럼 남녀의 자유로운 교제가 어려웠기 때문에 혼인의 전 단계로써 주로 **오미아이(お見合い – 맞선)**가 행하여졌다. 당시의 맞선은 주로 여성의 집에서 행해졌으며, 그 자리에서 남성이 의사표현을 하는 것이 관례였다.

예를 들어 남성과 중매인이 자리에 앉아 있으면 먼저 선을 볼 여성이 다과 등을 가지고 온다. 그때 상대 여성이 마음에 들면 준비된 차를 마시거나 과자를 가지고 돌아가거나, 혹은 자신의 부채를 두고 감으로써 혼인할 의사가 있음을 상대방에게 표했다. 그러나 혼인할 의사가 없을 때는 이와 반대로 차를 마시지 않거나 과자에 손을 대지 않거나, 또는 부채를 다시 가져가는 것으로 상대방과 혼인할 의사가 없음을 나타냈다.

남녀의 연애가 당연시된 지금도 남녀 간에 맞선을 보기는 하지만, 예전처럼 남성만이 일방적으로 의사를 표하는 형태는 거의 없다.

유이노

결혼 상대가 정해진 후 서로 주고받는 혼수를 **유이노(結納)**라고 한다. 방식은 지방에 따라 차이가 있는데 간토지방(関東地方)은 신랑 신부가 주고받고, 오사카(大阪)를 중심으로 한 간사이지방(関西地方)에서는 신랑 쪽에서만 보낸다. 유이노는 돈, 예물과 함께 장수, 백년해로, 발전, 건강 등을 상징하는 장식품을 보낸다. 목록과 함께 보내면 받는 쪽에서는 받았다는 수령서를 보낸다. 신부 쪽의 경우 신랑 쪽의 반 또는 1할 정도 선에서 답례를 한다.

신전식 결혼식

신전식(神前式) 결혼식은 진자(신사)에서 올리는 결혼식이다. 두 사람의 완전한 결합을 기원하며 세 개의 잔으로 술을 세 번씩 번갈아 마시는 **산산쿠도(三三九度 – 삼삼구도)**라는 의식을 한다. 신부는 **시로무쿠(白無垢)**라는 새하얀 기모노를 입는 경우가 많다. 종교 신앙과 무관하게 일본 전통 결혼식의 양식으로 보편화되어 있다.

▲ 산산쿠도

▲ 신전식 결혼식

불전식 결혼식

불전식(仏前式) 결혼식은 절에서 올리는 결혼식이다. 본당의 불상 앞에서 부부가 됨을 맹세한다. 시로무쿠를 입고 산산쿠도 의식을 하는 등 신전식과 비슷한 점이 많지만, 신전식만큼 보편화되지 않은 관계로 불교에 독실한 신자 집안에서 이 양식을 택하는 경우가 대부분이다.

그리스도교식(교회식) 결혼식

그리스도교식(キリスト教式) 혹은 **교회식(教会式)** 결혼식은 교회나 성당의 예배당에서 올리는 결혼식이다. 그리스도교 신자가 아니더라도 목사나 신부 앞에서 부부가 됨을 맹세한다. 일본은 그리스도교 신자가 매우 적은데도 불구하고, 현대 일본에서 가장 흔한

▲ 그리스도교식(교회식) 결혼식

양식이다. 실제로는 교회나 성당이 아니라 결혼식장에 마련된 결혼식용 예배당에서 식을 올리는 경우가 많다. 신부는 대체로 흰색 웨딩드레스를, 신랑은 검은 턱시도를 입는다.

인전식 결혼식

신전식이나 그리스도교식을 택하는 사람들은 대부분 종교적인 의미를 크게 두지 않지만, 종교색이 아예 없는 결혼식을 원하는 사람도 있다. 이들은 신불이 아닌 참석자들에게 결혼을 맹세하는 **인전식(人前式)** 결혼식을 택한다. 예식 방식은 자유롭지만 대체로 그리스도교식을 답습하는 경우가 많으며, 그리스도교식 다음으로 택하는 커플이 많은 결혼식 스타일이다.

결혼식 방식 선택 비율

구분	비율
그리스도식(교회식) 결혼식	49.2%
인전식 결혼식	32.2%
신전식 결혼식	16.6%
기타/ 무응답	2.0%

출처: 젝시 결혼 트렌드 조사 2022

피로연

피로연에는 초청받은 사람만 참석할 수 있으며 일반 하객은 피로연장에 참석하여 축의금을 전달한다. 피로연은 여유롭게 2~3시간 정도 걸린다. 피로연에서 신부는 한 번 혹은 여러 번 의상을 갈아입고 나오는데 이를 **오이로나오시(お色直し)**라고 한다. 이것은 신부가 시댁의 가풍에 젖어들어 '그 집 사람'이 되었다는 의미와 성스러운 식을 마치고 속세의 생활로 돌아가 앞으로 두 사람의 일상적인 생활을 시작한다는 의미가 담겨 있다.

슈기

결혼을 축하하며 신랑 신부에게 전달하는 돈 (축의금)을 **슈기(祝儀)** 혹은 고슈기(ご祝儀) 라 하며, 우측 상단에 **노시(のし)**라는 장식과 중앙에 **미즈히키(水引)**라는 홍백 또는 금색과 은색 끈이 달린 종이 봉투에 담는다. 금액은 신랑 신부와의 관계에 따라 다르지만 3~5만엔 정도가 적당하다.

▲ 슈기 봉투

히키데모노

결혼식에 초대된 하객이 돌아갈 때는 답례품인 **히키데모노**(引き出物)를 전달하는 것이 통례다. 선물을 가지고 집에 돌아가 연회에 참석하지 못한 가족들과 경사스러움을 나눌 수 있도록 하는 배려이기도 하다.

◀ 히키데모노

다양한 결혼 형태

신세대일수록 결혼식을 중요시하지 않거나 기피하는 경향이 있으며, 부모, 형제자매와 매우 가까운 친지만을 초대하여 피로연만 여는 등 간략하게 결혼 행사를 치르는 경우 '검소한 결혼'이라는 뜻으로 **지미콘**(ジミ婚)이라고 한다. 또한 아예 결혼식이나 피로연을 하지 않고 혼인신고만 하는 경우도 있는데, 이를 '없이 하는 결혼'이라는 뜻으로 **나시콘**(ナシ婚)이라고 한다. 반대로 모든 결혼 관련 행사에 많은 비용을 들여 하는 결혼을 '화려한 결혼'이라는 뜻으로 **하데콘**(ハデ婚)라고 한다.

···› 부부동성과 부부별성

일본에서는 부부동성(夫婦同姓)이 민법상 규정되어 있으며, 결혼하면 부부가 같은 성이 되어야 합니다(일본인끼리 결혼하는 경우). 일반적으로는 여성이 남성의 성을 따르는 경우가 대부분이고 그것이 예로부터 오랫동안 이어온 관습이기도 하죠.

그런데 성인이 되고 나서 갑자기 성(姓)을 바꾸게 되면 불편한 일들이 많이 생기게 됩니다. 이혼과 재혼으로 인하여 성을 바꿔야 하는 경우도 종종 있어서 사회적 문제로 제기되고 있습니다. 실제 이러한 문제에 대해 오랫동안 논의가 있어왔지만, 여전히 바뀌지 않고 있습니다.

2015년과 2021년 소송에서, 부부동성을 규정하고 부부별성(夫婦別姓)을 인정하지 않는 현재 민법 규정은 위헌이 아니냐는 주장에 대해, 일본 대법원은 위헌이 아니라는 판단을 하였습니다.

그러한 가운데 결혼 전의 성을 유지하거나 배우자의 성으로 바꾸는 것이 개인의 선택에 맡긴다는 '선택적 부부별성'을 추진하려는 움직임이 활발해지고 있습니다. 2023년 2~4월에 실시한 아사히신문사와 도쿄대학교의 공동조사에 따르면 부부별성 찬성파 60%, 반대파 13%, 중립파 27%로, 여론조사로는 부부별성에 찬성하는 사람이 압도적으로 많은 것으로 나타났습니다. 이처럼 법률과 민심이 괴리된 상황을 볼 수 있는데, 앞으로 법적 변화가 생길 것인지 주목됩니다.

🌥 장례

장례식

일본에서는 불교식 장례가 일반적이다. 그리고 사람이 죽으면 대부분 화장(火葬)한다. 고별식(영결식)을 치르고 화장이 끝나면 재를 넣은 단지에 발끝 뼈부터 조금씩 담아 맨마지막에 머리뼈를 담는다. 마치 살아 있는 사람을 축소해 그대로 담아 놓은 형상이다.

▲ 가정의 불단과 위패

일본은 가정에는 대개 불단(仏壇)이 있으며 여기에 위패(位牌)를 모시게 되는데, 이승의 이름이 아닌 죽은 사람에게 부여하는 이름인 **가이묘(戒名 – 계명)**를 받아 안치한다.

오쓰야

사람이 죽은 밤에는 **오쓰야(お通夜 – 밤샘)**라고 하는 행사가 있다. 가족이나 친척, 친지들이 모여 죽은 사람 옆에서 식사 등을 하면서 보낸다. 원래는 밤새 고인을 옆에서 지키는 의식이었지만 현대에 와서는 단시간 내에 끝내는 한쓰야(半通夜)가 일반적이며, 회사 관계자나 이웃 사람들 등 조문객을 받기도 한다.

슛칸

고별식을 마치고 관을 닫고 못을 박은 뒤 영구차(운구차)에 실어 화장터로 출발하는 의식을 **슛칸(出棺 – 발인)**이라 한다. 이후 유족 대표는 배웅객들에게 인사를 하고 상주는 위패를, 유족 또는 근친자가 영정 사진을 들고 차에 탑승한다.

일본인은 화장을 하는 경우가 대부분이므로 장례식이 끝난 후 그 지역의 화장터를 방문하게 된다. 이때 관은 일본식의 복잡한 지붕 모양을 한 검은 리무진으로 특수 제작된 영구차로 옮겨진다. 가족들은 각자 다른 차에 타고, 친척들은 전세버스를 타고 이동한다.

출발하기 전 영구차의 운전사가 5~10초 동안 계속해서 경적을 누른다. 이는 고인이 이승을 곧 떠나게 된다는 사실을 모든 사람에게 알리는 것으로 슬픔과 엄숙함을 연출한다. 그동안 조용한 장례식 분위기에 익숙해져 있다가 시끄러운 경적 소리 때문에 깜짝 놀랄 수도 있으므로 미리 숙지하는 것이 좋다.

▲ 영구차

모후쿠

일본의 장례식은 고인에게 마지막으로 경의를 표하고 작별을 고하는 시간으로, 고인과 유족에 대한 정중한 마음으로 **모후쿠(喪服/상복)** 를 입고 참석한다. 남성은 흰색 셔츠에 검은색 넥타이를 매고 단정한 검은색 정장을 입는다. 여성은 검은색 드레스나 기모노 또는 정장을 입는다. 엄숙한 장

▲ 모후쿠

례식 분위기에 집중할 수 있도록 다른 사람들의 주의를 끄는 밝은 색이나 화려한 옷은 삼가해야 한다. 초등학생 이하의 어린이들은 평상복이라도 괜찮지만 어두운 색상의 차분한 옷차림으로, 중고등학생은 교복을 입고 참석한다.

고덴

오쓰야나 고별식 등에 참여하는 조문객은 **고덴(香典)** 이라는 부의금을 유족에게 전달하는 것이 일반적이다. 이때 결혼식의 슈기와 달리 노시가 없고 흑백의 미즈히키가 달린 종이 봉투를 사용한다. 고덴의 답례로 **고덴가에시(香典返し)** 라는 답례품을 받는다. 단, 고인이나 유족의 의사에 따라 '고덴을 사양함(香典辞退)'을 표명하는 경우도 많은데, 그런 경우에는 고덴을 전달하지 않아도 된다.

▲ 고덴

고인과 가까울수록 액수가 커지는데, 일반 조문객의 경우, 5천~1만엔 정도가 일반적이라고 한다. 짝수는 불길함을 나타내기 때문에 5천엔, 3만엔 등 금액의 앞자리를 홀수로 맞추는 것이 좋다. 일본어로 4(し)는 죽음(死)과 같은 발음이기 때문에 액수에 4가 들어가지 않도록 주의한다.

호지

장례를 치른 후 쇼나노카(初七日 / 초칠일),
시주쿠니치(四十九日 / 사십구재), 기일 등의
정기적으로 행하는 제사를 **호지(法事 – 법사)**
혹은 호요(法要 – 법요)라고 부르며, 주로 절이
나 자택에서 행한다.

▲ 호지

쇼코

장례식 조문객이나 호지 참석자는 맛코(抹
香)라는 향 가루를 향로에 떨어뜨리며 피우는
데 이를 **쇼코(焼香)** 혹은 오쇼코(お焼香)라고
한다.

▲ 쇼코

쇼코 방식은 불교 종파에 따라 조금씩 차이는 있으나, 먼저 유족에게 한 번 가볍게
절을 한 후, 대체로 다음과 같은 순서로 진행한다.

1. 고인에게 절한다.

2. 맛코를 잡는다.

3. 맛코를 집은 손을
   이마 위치에 올린다.

4. 맛코를 향로에
   떨어뜨린다.

5. 손을 모아 추모한다.

참석자가 많을 때는 한 명씩 옆사람에게 향로를 전달하면서 진행하는 경우도 있다. 이를 마와시쇼코(回し燒香)라고 한다.

[참고문헌]
ゼクシィ (젝시) HP, https://zexy.net/article/app000000506/
朝日新聞デジタル (아사히신문 디지털), https://www.asahi.com/articles/ASR4T6HTGR4GUTFK01P.html

⋯→ 펫 장례

　　개와 고양이 등 동물을 키우는 사람들은 반려동물도 소중한 가족의 일원이라고 생각하며, 반려동물이 죽으면 정중하게 추모하고 싶어하는 경우가 많을 것입니다. 일본에서는 오래 전부터 반려동물의 장례를 치르는 경우가 있었고, 선사시대의 개 매장 유적이 발견된 사례도 있다고 합니다. 반려동물을 위한 공립 화장터뿐만 아니라 사립 화장터도 90여년의 역사가 있는 곳도 있을 정도로 역사가 깊습니다.

　　현대에 와서는 반려동물의 장례를 장례식부터 화장, 묘지, 호지(제사)에 이르기까지 거의 사람의 장례와 비슷하게 하는 것을 원하는 사람들이 늘고 있습니다. 이에 따라 펫 장례를 취급하는 업체나, 화장터, 묘지 등도 많이 생겼습니다.

◀ 펫 장례

Ⅲ 연중행사

봄의 행사

히나마쓰리

3월 3일 **히나마쓰리(雛祭り)**는 여자아이의 성장을 기원하는 날로 '**모모노셋쿠(桃の節句** – 복숭아 절구 / 삼짇날)'라고도 한다. 헤이안 시대(平安時代 / 794 – 1185) 귀족 소녀들 사이에서 유행하던 '히나아소비(雛遊び)'라고 하는 종이 인형 놀이가 히나마쓰리의 기원이라고 볼 수 있다. 인형을 만드는 기술이 발전하고 점차 고급화되면서 히나 인형을 시냇물에 띄워 보내는 '나가시비나(流し雛)'에서 집안에 장식하는 형태로 변화해 왔다.

여자아이가 있는 가정에서는 하나마쓰리 2~3주 전부터 **히나 인형(雛人形)**을 장식한다. 인형을 장식하는 것은 여자아이가 건강하게 잘 자라서 좋은 인연을 만나 행복한 결혼 생활을 바라는 마음과, 인형에 병이나 재난 등 좋지 않은 것들이 옮겨져 아이가 그것들을 피할 수 있게 액막이를 한다는 뜻이다.

여자아이가 태어나 처음 맞는 히나마쓰리를 '하쓰젯쿠(初節句 – 첫 절구)'라고 하여 축하하는데, 이때 외할아버지, 외할머니가 히나 인형을 선물해 주는 경우가 많다. 히나 인형은 세트 가격이 매우 비싸서 결혼할 때 가져가 대를 물려 사용하기도 한다. 히나 인형은 3단, 5단, 7단으로 된 큰 장식부터, 가장 간단한 형태인 남자와

▲ 히나 인형

여자 인형 한 쌍만 있는 작은 장식까지 그 종류가 다양하다.

히나마쓰리에 먹는 음식으로는 세키한(赤飯 – 팥밥)이나 **히시모치(菱餠 – 알록달록한 마름모 모양의 떡), 히나아라레(ひなあられ – 알록달록하고 동그란 쌀과자)**, 시로자케(白酒 – 달콤한 탁주)를 기본 상차림으로 먹는다. 시로자케는 알코올이 함유되어 있기 때문에 현대에서는 아마자케(甘酒 – 술지게미로 만든 일본식 감주)로 대용한다. 이밖에 지라시즈시(ちらし寿司), 대합국(はまぐりのお吸い物) 등을 먹기도 한다.

▲ 히시모치

하나미

벚꽃 구경을 즐기는 풍습은 나라 시대(奈良時代 / 710 – 794)의 귀족 행사가 기원이라고 한다. 그 풍습이 에도 시대(江戸時代 / 1603 – 1868) 서민들에게도 퍼지면서 현대에까지 이어졌다. 벚꽃 구경은 일본인들에게 중요한 이벤트인 만큼 벚꽃이 필 무렵 일기예보에서는 지역별 벚꽃의 개화 시기를 알려주는 **사쿠라 전선(桜前線)**이 매일 보도된다.

◀ 사쿠라 전선

　　하나미(花見)는 꽃구경이라는 뜻이지만, 이때 꽃은 벚꽃을 의미한다. 벚꽃이 만개
할 시기에 사람들은 벚꽃 아래에서 술을 마시거나 도시락, 하나미 단고(花見団子 –
하나미 경단) 등의 음식을 먹으면서 벚꽃을 감상하며 꽃놀이를 즐긴다. 하나미는 가족
이나 친구들끼리, 회사나 학교 동기들과 모이는 연회 · 친목회가 되기도 한다. 벚꽃 명
소는 전국 각지에 있으며, 대표적으로 나라현의 요시노야마(吉野山), 도쿄의 우에노
공원(上野公園), 오사카의 오사카 조폐국(大阪造幣局) 등이 유명하다.

◀ 벚꽃이 핀 요시노야마

단고노 셋쿠

옛날 중국에서는 단오날에 병이나 액을 쫓는 행사를 했다. 그 행사와 일본 농가의 모내기 시기에 쑥과 창포를 지붕에 꽂거나 창포물에 목욕하며 액막이를 했던 행사가 합쳐진 것이 단오의 유래이다.

5월 5일 **단고노 셋쿠**(端午の節句 – 단오절)에는 남자아이가 있는 가정에서 집 밖에 입신 출세를 상징하는 잉어 모양을 본뜬 드림인 **고이노보리**(鯉のぼり)를 세운다. 실내에 장식하는 무사 인형(武者人形)과 함께 장식하는 갑옷과 투구 모두를 통틀어 **5월 인형**(五月人形)이라고도 한다. 갑옷과 투구는 예로부터 생명을 지키는 상징으로 여겨졌기 때문에 남자아이

▲ 고이노보리

를 사고나 재해로부터 지키는 것으로 생각했다. 단오의 갑옷과 투구는 전쟁 도구가 아닌 몸을 보호하는 의미로 생각한다. 현재는 사고나 병으로부터 아이를 보호해 주길 바라는 염원을 담아 장식한다.

▲ 무사 인형

▲ 갑옷과 투구

이날, 환절기 건강 유지를 위해 부적의 힘이 있다고 믿는 창포 잎을 물에 띄운 창포물에 목욕을 한다. 음식으로는 사사(笹 – 작은 대나무) 잎으로 말아 찐 떡 **지마키(ち まき)**나 팥소를 넣은 찹쌀떡을 떡갈나무 잎으로 감싼 **가시와모치(柏餅)**를 먹으며 남자아이가 무사히 성장하기를 기원한다.

▲ 지마키

▲ 가시와모치

또한 단고노 셋쿠인 5월 5일은 한국과 마찬가지로 일본에서도 어린이날(こどもの日)로, 보통 일본의 가장 큰 연휴 중 하나인 골든 위크의 마지막쯤에 해당한다.

···→ 골든 위크와 일본의 국경일

4월 말에서 5월 초 사이 국경일이 많이 몰려 있는 기간을 '골든 위크(ゴールデンウィーク – 황금 연휴)'라고 하며, 쇼가쓰(설)와 오본 연휴는 일본에서 가장 큰 연휴 중 하나입니다. 일본에서는 국경일과 일요일이 겹치면 그 다음 월요일이 '대체 휴일(振替休日_{ふりかえきゅうじつ})'이 되기 때문에, 매년 다르기는 하지만 길게는 일주일 이상 쉴 수도 있습니다. 이 시기는 여행하기 좋은 계절이어서 많은 사람이 국내나 해외로 여행을 떠납니다.

4/27	4/28	4/29	4/30	5/1
휴일	휴일	쇼와의 날		
3일 연휴			*	*
5/2	5/3	5/4	5/5	5/6
	제헌절	식목일	어린이날	이체휴일
*	4일 연휴			
*을 쉬면 10일 연휴!				

▲ **2024년 골든 위크**
2024년의 골든 위크는 3일연휴 + 4일연휴
*을 쉬면 10일 연휴가 된다!

▶ 국민의 축일 : 국경일을 '국민의 축일(国民の祝日_{こくみん しゅくじつ})'이라고 합니다.

1월 1일	1월 두 번째 월요일	2월 11일	2월 23일
신정 (元日_{がんじつ})	성인의 날 (成人の日_{せいじん ひ})	건국기념일 (建国記念の日_{けんこく き ねん ひ})	천황 탄생일 (天皇誕生日_{てんのうたんじょう び})
3월 20~21일경	4월 29일	5월 3일	5월 4일
춘분의 날 (春分の日_{しゅんぶん ひ})	쇼와의 날 (昭和の日_{しょうわ ひ})	헌법기념일 (憲法記念日_{けんぽう き ねん び})	녹색의 날 (みどりの日_ひ)
5월 5일	7월 세 번째 월요일	8월 11일	9월 세 번째 월요일
어린이날 (こどもの日_ひ)	바다의 날 (海の日_{うみ ひ})	산의 날 (山の日_{やま ひ})	경로의 날 (敬老の日_{けいろう ひ})
9월 22~23일경	10월 두 번째 월요일	11월 3일	11월 23일
추분의 날 (秋分の日_{しゅうぶん ひ})	스포츠의 날 (スポーツの日_ひ)	문화의 날 (文化の日_{ぶん か ひ})	근로 감사의 날 (勤労感謝の日_{きん ろう かん しゃ ひ})

※ '국민의 축일'이 일요일인 경우에는 다음날 월요일이 대체 휴일이 되고,
전날과 다음날이 '국민의 축일'인 평일은 '국민의 휴일(国民の休日_{こくみん きゅうじつ})'로 공휴일이 됩니다.

☁ 여름의 행사

다나바타

7월 7일 **다나바타(七夕 – 칠석)** 전설은 서로를 사랑하던 오리히메(織姫 – 직녀, 베가)와 히코보시(彦星 – 견우, 알타이르)가 아마노가와(天の川 – 은하수)로 갈라진 곳에 살고 있으면서 1년에 단 한 번 7월 7일 까치들이 만든 은하수 다리를 건너 만난다는 이야기이다. **다나바타 마쓰리(七夕祭 – 칠석 축제)**는 이러한 전설에서 유래한 행사로, 학교나 가정, 마을 회관, 백화점 등 일본 각지에서 성대하게 개최된다. 이때, 형형색색의 길쭉한 색종이로 된 **단자쿠(短冊)**에 소원을 적어 **사사(笹 – 작은 대나무)**에 매달아 장식한다.

다나바타와 관련된 대규모 지역 축제는 전국 곳곳에 있으며, 보통 매년 8월 6일에서 8일까지 3일간 열리는데, 도호쿠 3대 마쓰리(축제)로 꼽히는 미야기현의 **센다이 다나바타 마쓰리(仙台七夕まつり)**가 유명하다.

◀ 다나바타 전설의 오리히메와 히코보시

▲ 사사에 매달린 단자쿠

▲ 센다이 다나바타 마쓰리

하나비

과거 철포에 사용되었던 화약 기술은 평화로운 에도 시대가 되면서 무기가 아닌 **하나비(花火 – 불꽃)**도 활용되기 시작했다. 그리고 18세기에 쏘아 올리는 방식의 하나비(打ち上げ花火)가 등장한다. 1733년에 에도 막부 8대 쇼군(장군) **도쿠가와 요시무네(德川吉宗)**가 대기근으로 죽은 자의 영혼을 달래기 위해 현재 도쿄 도심을 흐르는 강, **스미다가와(隅田川)**에서 위령제를 올렸다. 그때 여흥으로 하나비를 쏘아 올린 것이 계기가 되어 그때부터 해마다 같은 시기에 하나비 행사를 개최하게 되었다. 이것이 오늘날의 일본 **하나비 대회(花火大会 – 불꽃축제)**의 기원이라는 설이 있다.

▲ 에도막부 8대 쇼군 도쿠가와 요시무네

이 위령제 당시 가장 번창한 폭죽 제조업체가 **가기야(鍵屋)**였다. 가기야와 함께 에도 시대 하나비를 대표한 업체가 **다마야(玉屋)**다. 지금도 폭죽이 터질 때 사람들이 "가~기야~, 다~마야~"라고 외치는 것은 에도 시대 때 이 두 업체가 번갈아 폭죽을 터뜨리서 누가 더 좋은 폭죽을 만들었는지 겨루었던 것에서 유래한다. 가기야는 현재도 가장 오래된 폭죽 제조업체다.

매년 7월부터 8월에 걸쳐 전국 곳곳에서 수많은 하나비 대회가 열린다. 이 중 하나비 대회의 기원으로 여겨지는 도쿄의 '스미다가와 하나비 대회'는 에도 시대 때부터 이어져 온 전통은 물론, 도쿄 스카이트리도 함께 바라볼 수 있는 도쿄 도심 내 대규모 하나비 대회로 인기가 있다.

집앞 마당이나 공원, 시냇가, 바닷가 등에서도 가족끼리 혹은 친구끼리 손에 들고 즐기는 하나비나 작은 로켓 형태의 하나비 등 마트나 편의점에서 쉽게 구입할 수 있는 개인용 하나비를 오모차 하나비(おもちゃ花火 – 장난감 폭죽)라고 한다. 여름 저녁에 많은 사람들이 오모차 하나비를 즐기는데, 이 중 종이를 꼬아 만든 끈의 끝에 화약

을 비벼 넣어 만든 **센코 하나비(線香花火 – 선향 불꽃)**의 인기가 많다. 센코 하나비는 매우 조용하고 소박하게 불꽃을 튕기다가 마지막에 작고 동그란 불구슬이 뚝 하고 떨어진다. 센코 하나비는 다른 화려한 하나비에 비해 인생의 무상함을 상징하는 순간적인 아름다움을 느끼게 하며, 여름의 끝무렵 쓸쓸한 분위기와 어울리면서 영화나 드라마, 애니메이션 등의 연출에도 많이 사용된다.

◀ 센코 하나비

오본

본(盆) 혹은 **오본(おぼ)**은 양력(新曆) 8월 15일 조상의 영혼을 기리는 불교에서 유래된 일본의 큰 명절이다. 원래 음력(旧曆) 7월 15일에 지내던 행사인데, 1873년 1월 1일 양력 도입 이후 양력 8월 15일을 전후로 하는 행사로 인식되고 있다. 8월 13일 돌아가신 조상의 영혼이 집에 돌아오는 것을 맞이하여 공물로 공양하고 16일에 돌려보낸다.

오본에는 성묘를 하는 것이 일반적이며, 사람들은 이 기간 동안 휴가인 **오본 야스미(お盆休み)**를 보낸다. 대다수 학생은 여름방학 기간이며 직장인들은 여름휴가를 겸해 고향을 찾는 사람도 많다. 그로 인해 역이나 공항, 고속도로는 도시에서 고향으로 돌아가는 사람과 차로 매우 혼잡하다. 이 현상을 **귀성 러시(帰省ラッシュ)**라고 한다. 최근 국내외 여행을 떠나는 사람들이 증가하는 등 오본을 보내는 방법도 다양해지고 있다.

무카에비와 오쿠리비

8월 13일 저녁에는 저승에서 돌아오는 조상의 영혼을 맞이하기 위해 현관 앞에 불을 피운다. 이것을 **무카에비(迎え火)**라고 하며 조상이 길을 헤매지 않고 잘 찾아오도록 하기 위한 것이다. 16일에는 다시 불을 피워 조상의 영혼을 저승으로 되돌려 보내는데, 이를 **오쿠리비(送り火)**라고 한다.

▲ 무카에비

교토에서는 오쿠리비를 산에서 대규모 행사로 치르는데 다섯 곳의 산에서 행하기 때문에 **고잔노 오쿠리비(五山の送り火)**라고 부른다. 멀리서 글자나 그림으로 보이도록 불을 피우는데, 가장 대표적인 것

▲ 고잔노 오쿠리비

이 클 대자(大)이기 때문에, 이 행사는 교토 현지인이나 주변 간사이 지방 사람들에게 '다이몬지(大文字)'라는 애칭으로 사랑받고 있다.

본다나

오본에는 향로, 등롱(초롱), 촛불, 꽃, 음식 등으로 장식한 제단을 만들어 조상을 모시는데 이를 **본다나(盆棚)**라고 한다. 그 중 **오이로 만든 말 인형**은 조상이 타고 얼른 오시라는 뜻이며 또한 **가지로 만든 소 인형**은 이것을 타고 천천히 저승으로 돌아가시라는 뜻으로 장식한다.

▲ 본다나

본오도리

　오본 기간에는 망대 주위로 모여 원을 만들어 춤을 추는 **본오도리(盆踊り)**가 전국

각지에서 행해진다. 원래 본오도리는 죽은 이의 넋을 기리는 종교적 의미를 지닌 행사

이지만, 현재는 지역 사회의 친목을 다지는

즐거운 여름밤 행사로 정착했다.

▲ 본오도리

　사람들은 유카타(浴衣 – 간편한 홑겹의

기모노)를 입고 가족이나 친구들과 함께

즐비하게 늘어선 야타이(屋台 – 포장마차)

에서 음식을 먹거나 음악에 맞춰 본오도리

를 추며 한여름 밤을 즐긴다.

　전국에서 개최되는 본오도리 축제 중에는 400년 이상의 역사로 매년 100만명 이상

의 방문객이 찾는다는 도쿠시마현(徳島県) **아와오도리(阿波踊り)**가 유명하다. 아와

오도리는 매년 8월 12일에서 15일까지 4일 동안 개최된다. 대부분 본오도리는 단순한

안무를 완만하게 추는 춤인데 비해, 아와오도리는 매우 민첩하고 다이나믹하게 추는

열광적인 춤으로 중독성이 있어 인기가 많다. 현재는 도쿠시마뿐만 아니라 전국 각지

에서 아와오도리를 즐기기도 한다.

◀ 아와오도리

하카마이리

조상의 무덤을 찾는 **하카마이리(墓参り – 성묘)** 혹은 오하카마이리는 13일과 16일,

무카에비와 오쿠리비를 하기 전에 찾는 것

이 전통적인 방식이지만, 요즘은 가족들의

스케줄에 맞추어 한 번만 가는 경우가 대부

분이다. 묘비에 물을 뿌리고 두 손을 합장

하여 조상의 명복을 빌고 조상에 대한 감사

의 마음을 전한다.

▲ 하카마이리

나쓰마쓰리

나쓰마쓰리(夏祭り – 여름 축제)는 여름(7~8월)에 전국 각지에서 열리는 지역 축제이다. 보통 일본의 '마쓰리' 하면 전형적인 이미지로 떠오르는 것이 나쓰마쓰리다. 일반적으로 나쓰마쓰리에서는 여러 명이 진자(신사)의 **미코시(神輿 – 신의 가마)**를 어깨에 메거나 **다시(山車 – 축제용 장식 수레)**를 끌고 '왓쇼이(ワッショイ)'나 '소레(ソーレ)' 등 구호를 외치면서 거리를 행진한다. 진자 경내나 동네 광장 등에서 다양한 이벤트가 개최되며, 그 주변에는 음식이나 놀이를 즐길 수 있는 데미세(出店 – 노점)가 즐비하게 늘어서 많은 사람들로 북적거린다.

이 책에서는 일본 곳곳의 수많은 나쓰마쓰리 중에서 '네부타 마쓰리'와 '기온 마쓰리'를 소개하고자 한다.

네부타 마쓰리

아오모리현 아오모리시(青森県青森市)의 **네부타 마쓰리(ねぶた祭)**는 매년 8월 2~7일, 6일 동안 개최된다. 대나무나 철사로 뼈대를 만들어 그 위에 종이를 붙이고 색칠하여 큰 무사 인형을 만들고, 그것을 수레 위에 얹어 아주 큰 인형 모양의 등롱 다

시(山車)를 만드는데, 이를 '네부타'라 부른다. 이렇게 각 단체들이 만든 네부타를 끌고 시내를 행진한다.

◀ 네부타 마쓰리

행진하면서 네부타 주변을 깡충깡충 뛰며 춤추는 사람들을 **하네토(ハネト)**라고 한다. 전통 의상을 입은 하네토들이 피리 소리와 북소리에 맞춰 **'랏세라(ラッセラ)'**라는 흥을 돋우는 구호를 외치며 네부타를 따라 뛰어다닌다. 가부키와 역사 · 신화를 소재로 하여 만들어진 박력있는 대형 네부타 약 20개가 행진을 이루며, 매년 국내외에

▲ 하네토

서 약 300만 명의 관광객이 찾아온다. 아오모리 네부타 마쓰리는 도호쿠 3대 마쓰리 중 하나로 손꼽히며, 1980년에 국가 중요 무형문화재로 지정되었다.

기온 마쓰리

기온 마쓰리(祇園祭)는 교토 기온 지역 및 교토 시내에서 매년 7월 1일부터 31일까지 한 달간 개최된다. 7월 17일과 24일에는 **야마보코(山鉾)**라는 다시를 끌고 다니며 교토 시내를 천천히 행진하는 야마보코 행진이 진행된다. 9세기에 전염병을 잠재우기

위해 시작된 제사인 기온 고료에(祇園御霊会)에서 기원한다.

무로마치 시대(室町時代 / 1336 – 1573)에 기온 마쓰리를 위해 부유한 상공업자 자치회를 중심으로 산 모양의 가마인 야마(山)를 제작하고 신이 깃든 창을 꽂아 화려하게 장식하기 시작했다. 이것이 기온 마쓰리에서 가장 중요한 행사로 자리잡은 야마보코 순행의 시작이다. 야마보코는 **야마(山 – 산)**와 **호코(鉾 – 창)**가 합쳐진 말로, 야마는 신화나 고사(故事)에 등장하는 주요 인물을 상징하는 인형을 태운 작은 '다시(수레)', 호코는 창을 꽂아 화려하게 장식한 커다란 '다시'이다. 현존하는 야마보코 33채 중 29채는 1962년 중요문화재로 지정되었다. 야마보코 순행은 1979년에 중요 무형문화재로 지정되었고, 2009년에는 유네스코 선정 무형 문화유산으로 등록되었다.

◀ 기온 마쓰리의 야마보코 순행

···▸ 후지산 등산

여름은 후지산(富士山) 등산 시즌입니다. 도쿄 도심에서 100km 떨어진 거리에 위치한 후지산은 해발 3,776m를 자랑하는 일본 최고봉입니다. 날씨 변화가 심하고 한여름에도 산꼭대기 기온은 5~8도로 낮은 것이 특징입니다. 오르기 전에는 일기예보를 꼭 확인해야 하며, 충분한 물과 식량, 본격적인 등산 도구도 준비해야 합니다.

평균 약 2,000m 정도의 고고메(五合目)는 차로 갈 수 있는 최고 높이입니다. 고고메는 고(五)는 숫자 5를 의미하고, 고메(合目)는 후지산의 산기슭부터 정상까지의 위치를 10등분 한 단위로 단순한 거리나 높이가 아니며, 등산 입구에 따라 고고메의 높이는 다릅니다.

후지산은 7월 초순부터 9월 초순까지가 공식 등반 시즌으로, 등산할 수 있는 기간이 매년 정해져 있습니다. 그리고 후지산에는 네 가지의 등산로가 있습니다. 어느 길을 선택해도 정상까지 갈 수 있습니다. 천천히 자신의 속도를 유지하며 등산한다면 고고메부터 정상까지 소요 시간은 올라갈 때 5~8시간, 내려올 때는 3~4시간 정도 걸립니다. 2013년에는 유네스코 세계문화유산에 등재되었으며, 등산 허용 기간에는 전 세계에서 많은 사람들이 방문합니다.

◀ 후지산 등산

☁ 가을의 행사

쓰키미

음력 8월 15일의 밤을 **주고야(十五夜)**라고 하는데, 이 날 보름달을 바라보는 풍습인 **쓰키미(月見－달구경)**는 헤이안 시대 중국 당나라로부터 전해졌다고 한다. 이때 달을 주슈노 메이게쓰(中秋の名月－중추명월)라고 부른다. 또한 음력 9월 13일 밤을 주산야(十三夜)라고 하며, 이 날 하는 달구경을 가리키기도 한다.

일본은 현재 양력을 사용하고 있지만, 옛날에는 달이 차고 이지러지는 것을 보고 월일을 세는 태음력을 사용했다. 메이지 시대(明治時代/1868－1912) 이후 양력을 도입하면서 거의 대부분의 행사는 양력으로 계산하지만, 쓰키미처럼 달의 차고 이지러지는 것과 관련된 행사에 한해 음력을 따르는 경우가 있다.

달맞이를 할 때 주고야의 의미를 담아 둥근 경단을 열다섯 개를 만드는데, 이것을 **쓰키미 단고(月見団子－달구경 경단)**라고 하며, 츠키미 단고와 함께 그 해 수확한 작물, 그리고 억새풀을 장식하여 달구경을 하며 공양을 한다.

◀ 쓰키미

도리노이치

도쿄를 중심으로 주로 간토 지방에서 11월 도리노히(酉の日－유일)에 진자(신사)나 절에서 개최하는 행사인 **도리노이치(酉の市)**가 있다. 에도 시대부터 시작된 도리노이치는 출세와 성공, 장사 번창, 행운 등을 기원하면서 '**구마데(熊手)**'라는 복과 행운을 부르는 장식품을 산다. 구마데란 농업이나 청소에 사용하는 갈퀴를 의미하는데, 도리노이치에서 대나무로 만든 구마데에 복의 상징물 등을 장식한 '엔기 구마데(緣起熊手)'와 벼이삭이나 부적을 붙인 '구마데 오마모리(熊手お守り)'를 판매한다.

▲ 엔기 구마데와 구마데 오마모리

도리노이치의 횟수와 날짜는 매년 십간십이지(十干十二支)를 따져서 정하는데, 도리노히가 두 번 있는 해와 세 번 있는 해가 있어서 그 해에 따라 개최 일수와 날짜가 달라진다.

모미지가리

단풍나무와 단풍나무 잎을 모미지(紅葉)라 하며, 붉게 물든 단풍나무 잎을 감상하는 것을 **모미지가리(紅葉狩り)**라고 한다. 헤이안 시대 귀족들이 단풍나무를 보며 연회를 열고 노래를 불렀던 것이 현재 모미지가리의 시작이었다. 모미지가리의 '가리'는 '사냥하다', '과일이나 채소를 따다'라는 뜻으로 사용되는 동사 '가루(狩る)'가 변형된 형태이지만, 모미지가리의 '가리'에는 그러한 뜻이 아니므로 단풍잎을 따는 것은 아니다. 산에 들어가서 단풍을 눈으로 보고 즐기는 행위를 '사냥'에 비유했다는 설, 옛날에는 나뭇잎이나 나뭇가지를 실제로 따서 손에 들고 감상하거나 집에 들고 갔다는 설이 있다.

▲ 모미지가리

시치고산

시치고산(七五三)은 헤이안 시대 귀족의 통과의례에서 유래하여, 에도 시대 무가(武家 - 무사 집안)에서 행하던 관습이 일반화된 것이다. 구체적으로는 생후 머리를 밀고 있었던 아기가 세는 나이(数え年)로 세 살부터 머리를 기르는 가미오키(髪置き), 다섯 살의 남자아이가 처음으로 하카마(袴 - 기모노의 하의)를 입는 하카마기(袴着), 일곱 살이 된 여자아이가 기모노에 달려 있던 끈을 떼고 처음으로 오비(帯 - 허리띠)를 매는 오비토키(帯解き) 등의 축하 의식이 시치고산의 기원이라고 할 수 있다.

시치고산은 3세 · 5세가 된 남자아이와 3세 · 7세가 된 여자아이가 그 대상이다. 원래는 세는 나이로 했으나, 현재는 만 나이로 해도 무관하다. 이날 부모는 아이에게 화려한 기모노를 입히고 진자(신사)나 절에 가서 아이의 성장을 감사하고 행복을 기원하며 참배를 한다. 그리고 아이들에게 가늘고 긴 막대 모양의 홍백 사탕 **지토세아메(千歳飴 - 천세 사탕)**를 주는데, 아이들의 건강과 장수, 행복을 바라는 마음이 담겨 있다. 지토세아메는 현대에는 홍백만이 아니라 여러 색깔로 알록달록한 것이나 귀여운 무늬가 들어간 것도 있으며, 학과 거북, 송죽매 등 길함을 상징하는 그림이 그려진 봉투에 들어 있다. 시치고산의 날짜는 11월 15일로 정해져 있지만, 이날을 전후로 주말에 참배하는 가정이 많다.

▲ 시치고산

▲ 지토세아메

☁ 겨울의 행사

오미소카

연말에는 대청소나 설날 요리를 위해 장보기를 하는 등, 설날을 맞이하기 위한 준비로 매우 바빠진다. 일본 각지에서 1년간의 노고를 위로하기 위해 친구나 동료들과 함께 송년회(忘年会)를 가진다. 연말연시 휴가를 이용해 귀성하는 사람이나 국내외로 여행을 떠나는 사람도 있다.

12월 31일, 한 해의 마지막 날인 **오미소카(大晦日 – 섣달그믐날)**에는 TV로 NHK의 〈홍백가합전(紅白歌合戦)〉 등 연말 특별 프로그램을 보기도 하고, 해를 넘기기 전에 메밀국수를 먹고 지낸다. 오미소카에 먹는 메밀국수를 **도시코시소바(年越しそば – 해 넘기 국수)**라 하는데, 긴 국수를 먹으며 장수를 기원하는 의미가 있다. 그리고 자정이 되면 일본 각지의 절에서 인간이 가진 108번뇌를 없애기 위해 **제야의 종(除夜の鐘)**을 108번 쳐서 울린다.

◀ 제야의 종을 울리는 승려

···→ 오추겐과 오세이보

1년의 중간 즉, 여름에 하는 선물 교환을 '오추겐(御中元)', 연말에 하는 선물 교환을 '오세이보(御歳暮)'라고 합니다. 이전에는 직접 전달했지만 근래에는 택배로 보내는 것이 일반화되었습니다. 평소에 신세 진 사람들에 대한 보답으로 친척이나 회사의 상사, 거래처 고객 등에게 감사의 선물을 하는 관습으로 인간관계를 원활히 하려고 선물하는 사람이 많은 것 같습니다. 최근에는 사내에서의 오추겐·오세보 폐지를 호소하는 회사도 있습니다. 그러나 일본은 사회적 규범을 나타내는 겉마음인 '다테마에(建前)'를 소중히 하는 나라이므로, 이 풍습은 쉽게 없어지지 않을 것 같습니다.

일상 생활에 바쁜 현대인들은 백화점의 배송 서비스나 택배 등을 이용하여 보내는 경우가 많으며, 선물의 종류는 식품류나 생필품이 주를 이루는데, 최근에는 상품권이나 카탈로그 기프트 등도 인기가 있습니다.

▲ 오추겐 　　　　▲ 오세이보 　　　　▲ 오추겐·오세이보의 선물 카탈로그

넨가조

일본에서는 연말이 되면 남녀노소 상관없이 새해 인사 카드인 **넨가조(年賀状 – 연하장)**을 준비한다. 친척이나 거래처 고객, 친구, 지인들에게 다가오는 새해 인사 메시지와 함께 자신의 근황이나 신년 계획 등을 적어 우편으로 보낸다.

인터넷과 스마트폰이 발달된 요즘은 SNS나 메시지 앱으로 새해 인사를 하며 넨가조를 대신하는 사람이 늘어나 넨가조를 보내는 사람이 감소하기는 했지만, 그래도 여전히 많은 일본인들이 넨가조를 보내며 새해 인사를 한다.

일본의 넨가조는 봉투에 넣지 않은 엽서를 이용하는 것이 일반적이다. 우체국에서는 11월 1일부터 해마다 새로운 디자인의 넨가 하가키(年賀はがき - 연하 엽서) 판매를 시작하며, 12월 15일부터 발송이 가능하다. 그전에 발송하면 일반 우편물과 동일하게 취급받아 일찍 전달될 수 있고, 반대로 너무 늦게 보내면 전달이 늦어질 수 있기 때문에 1월 1일이나 늦어도 2일쯤까지 도착하기를 원한다면 12월 15일에서 25일 사이에 우체통에 넣는하는 것이 바람직하다.

넨가 하가키에는 오토시다마(お年玉)가 달려 있는데, 오토시다마란 세뱃돈을 의미하지만 실제로 돈이 달려 있는 것이 아니라, 복권과 비슷한 일종의 제비뽑기이므로 엽서 하단에 번호가 찍혀 있다. 당첨되면 1등은 현금, 2등은 지역 특산품, 3등은 우표 세트 등으로 당첨된 넨가 하가키를 들고 우체국을 방문하면 받을 수 있다.

일본의 새해 인사는 "아케마시테 오메데토고자이마스(あけまして、おめでとうございます)"라 하며, 이어서 "고토시모 요로시쿠 오네가이시마스(今年もよろしくお願いします)"라고 덧붙인다. 친구에게 반말로 하는 경우 '고자이마스'나 '오네가이시마스'를 빼고 말한다. 이는 '새해가 되어 축하합니다', '올해도 잘 부탁합니다'라는 뜻이므로 해가 바뀌기 전에는 이 인사를 하지 않는다. 연말에는 보통 '**요이 오토시오(よいお年を - 좋은 해가 되세요)**'라는 인사를 한다.

쇼가쓰

일본의 설은 신정이며 **쇼가쓰(正月)** 또는 오쇼가쓰(お正月)라고 부른다. 1월 1일을 **간탄(元旦)** 혹은 간지쓰(元日)라고 부르며, 이후 며칠 동안이 쇼가쓰 기간이다. 1일부터 3일까지를 **산가니치(三が日)**라고 하며 대부분 쇼가쓰 행사가 이 시기에 집중된다. 이 시기 국민의 축일(국경일)은 1월 1일 하루이지만, 보통 일반 기업이나 관공서, 학교들은 12월 29일부터 1월 3일까지가 연말연시 연휴, 즉 쇼가쓰 야스미(正月休み

－설 휴가)가 된다.

　쇼가쓰는 오본과 마찬가지인 귀성 시즌으로
친척들이 본가에 모이기도 한다. 집안의 어린이
들은 어른에게 **오토시다마**(お年玉－세뱃돈)를
받는다.

▲ 오토시다마

쇼가쓰 장식

　쇼가쓰는 원래 정초에 **도시가미**(年神)라는 새해
신을 맞이하는 행사로 그 해의 풍작과 가족의 건강
을 가져다준다고 믿었다. 따라서 설날에 행해지는
모든 것들은 도시가미와 관련이 있다. 지방에 따라
관습은 다르지만, 집에 신을 맞이하기 전에 집 안을
깨끗이 청소하고 설 장식을 한다. **가도마쓰**(門松)
는 소나무와 대나무로 만든 장식물로, 신이 헤매지

▲ 가도마쓰

않고 잘 찾아오게 하는 표시로 현관문 앞 양옆에 세워 둔다.

　그리고 굵은 새끼줄로 만든 **시메나와**
(注連縄)는 주로 진자(신사) 입구 등에
장식하여 신성한 장소와 바깥 세계를
구분하는 역할을 한다. 쇼가쓰 시기에
이를 간소화한 형태의 등자 열매(橙),
시데(紙垂)라는 접힌 종이 등으로 장식

▲ 시메나와

한 **시메카자리**(注連飾り)를 현관문이나 현관 앞에 장식한다.

　또한, **가가미모치**(鏡餅)는 도시가미에게 바치는 공양물로 크고 작은 두 개의 둥근
떡을 겹쳐 가미다나(神棚)나 불단, 도코노마(床の間), 현관 등에 장식하는 것을 말한다.
가가미모치 위에는 등자 열매를 얹는데, 현대에서는 귤로 대신하는 경우가 많으며 이

는 시메카자리도 마찬가지다. 설을 지내고 난 후에 가가미모치를 쪼개어 먹는데, 이를 **가가미비라키(鏡開き)**라고 부른다.

▲ 시메카자리

▲ 가가미모치

쇼가쓰 요리

설날 먹는 일본식 설 요리를 **오세치 요리 (おせち料理)**라고 하며, 조림 요리를 중심으로 한 여러 가지 반찬을 찬합에 담는다. 사흘 동안 먹기 때문에 보존이 잘 되는 요리를 연말에 만들어 두어야 한다. 도시가미를 맞이하는 동안에는 취사를 삼가야 한다는 풍습에서 유래했다.

▲ 오세치 요리

오세치 요리를 구성하는 음식은 여러 가지가 있다. 이 중 청어알을 소금에 절인 것을 **가즈노코(数の子)**라고 하며, 이는 자손 번성을 기원하는 의미가 담겨 있다. 홍백 **가마보코(蒲鉾 − 반달 모양의 어묵)**를 넣는 것은 **하쓰히노데(初日の出 − 새해 첫 해돋이)**와 모양이 닮았고, 홍백이 재수가 좋기 때문이다.

예전에는 어느 가정에서나 손수 만들었지만, 최근에는 백화점이나 마트, 편의점 등 가게에서 구매하는 경우가 많아졌다.

▲ 가즈노코

▲ 홍백 가마보코

쇼가쓰에 먹는 일본식 떡국을 조니(雜煮) 또는 **오조니(お雜煮)**라고 하는데, 지역마다 그 재료나 맛, 모양이 다르다. 특히 간토 지방과 간사이 지방은 확연히 차이가 나며, **간토풍 오조니**는 네모난 떡을 한 번 구워서 쇼유(醬油 – 간장)로 맛을 낸 맑은 국물에 담은 떡국이다. 한편 **간사이풍 오조니**는 동그란 떡을 굽지 않고 그대로 삶아 시로미소(白味噌 – 백된장)로 맛을 낸 뽀얀 국물에 담은 떡국이다.

▲ 간토풍 오조니

▲ 간사이풍 오조니

하쓰모데

연초에 한 해의 행운을 기원하기 위해 절이나 진자(신사)에 가는데, 이를 '첫 참배'라는 뜻으로 **하쓰모데(初詣)**라고 한다. 간탄(1월 1일)을 비롯한 산가니치(1월 1~3일)에 하쓰모데를 가는 경우가 많다.

하쓰모데를 가면 본전 앞에서 새전(賽錢)을 던지고, 줄을 당겨 위에 매달린 큰 방울을 울리며 소원을 빈다. 술지게미로 만든 따뜻하고 달콤한 **아마자케(甘酒 – 감주)**를

마시며, 올해의 길흉을 점치는 제비인 **오미쿠지(おみくじ)**를 뽑거나 올해의 소원을 **에마(絵馬)**라는 나무판에 적어 걸어 놓는다.

▲ 하쓰모데

▲ 아마자케

후쿠부쿠로

안에 무엇이 들어 있는지 내용을 확인할 수 없는 물건들이 가득 들어 있는 쇼핑백을 쇼가쓰 시기에 판매하는데, 이를 '복주머니'라는 뜻으로 **후쿠부쿠로(福袋)**라고 한다. 내용물은 알 수 없지만 후쿠부쿠로의 판매 가격보다 비교적 고가의 물건들이 들어 있

▲ 후쿠부쿠로

어 자신이 원하는 물건이 아니더라도 물건의 가치를 보았을 때 손해를 볼 일은 없도록 계산되어 있다. 새해 오픈 세일 기간에 백화점이나 대형 마트, 유명 브랜드 점포 등에서 판매한다.

성인식

성인의 날(成人の日)은 1월 둘째 주 월요일이다. 이날 전국 각지의 지자체에서는 지역의 성인이 되는 남녀를 초대하여, 한 사람의 성인이 된 것을 축하하고 성인으로서의 책임을 자각하게 하는 식을 거행한다.

일본에서는 근대 이후 성인은 20세였다. 그런데 2022년 4월 민법 개정으로 성인 연령이 만 20세에서 만 18세로 바뀌었다. 2023년의 성인식은 대부분의 지자체에서 20세를 대상으로 했으나, 앞으로 단계적으로 대상 연령을 낮출 전망이다. 성인 연령은 18세가 되었지만 만 20세 이하의 음주와 흡연은 법으로 금지되어 있다.

성인식에서 주로 남자는 양복이나 남자 기모노의 격식을 차린 '하오리 하카마(羽織袴)'를, 여자는 미혼 여성이 입는 소매가 긴 기모노인 '후리소데(振袖)'를 입고 식에 참석한다.

◀ 성인식

세쓰분

세쓰분(節分)은 입춘(立春)·입하(立夏)·입추(立秋)·입동(立冬)의 전날을 말하는데, 현재는 주로 입춘 전날(2월 3일 전후)을 가리킨다.

오늘날 세쓰분의 액막이 풍습은 헤이안 시대 섣달그믐 궁중에서 하던 쓰이나(追儺)라는 행사가 그 기원이다. 눈이 4개 달린 가면을 쓴 호소시(方相氏)가 창과 방패를 들고 악귀를 퇴치하거나 활을 쏘아 악귀를 쫓는 행사다. 무로마치 시대(室町時代

/1336－1573)에 이 악귀를 쫓는 행사가 차츰 서민들에게 퍼져 콩을 뿌려서 악귀를 쫓아내고 복을 부르는 행사로 정착되었다.

마메마키

계절이 바뀔 때는 귀신이 나온다고 생각했기 때문에 "악귀는 밖으로, 복은 안으로"라는 뜻으로 "오니와 소토, 후쿠와 우치(鬼는 外、福는 內)"라고 큰소리로 외치며 볶은 콩을 뿌리는 마메마키(豆まき－콩 뿌리기)라는 행사가 있다. 아이가 있는 가정에서는

▲ 마메마키

아버지가 도깨비 가면을 쓰고 악귀 역할을 하고 아이들은 악귀가 된 아버지를 향해 콩을 뿌린다. 뿌려진 콩을 나이 수만큼 혹은 나이에 하나 더한 수만큼 주워 먹으면 건강하게 무사히 지낼 수 있다고 한다.

에호마키

에호마키(惠方巻)란 세쓰분에 먹으면 운이 좋다고 여겨, 매년 바뀌는 에호(惠方－그해의 길한 방향)를 향해 소원을 빌면서 후토마키(太巻き)라는 굵은 마키즈시(巻き寿司－김밥)를 자르지 않고 통째로 먹는 풍습이다. 이때 말을 하면 운이 달아나기 때문에 묵묵히 끝까지 먹어야 한다.

▲ 에호마키

후토마키에는 7종류의 속 재료가 들어있는데 그 숫자는 '장사 번창'과 '무병 안녕'을 바라는 7명의 복을 가져다주는 신인 시치후쿠진(七福神－칠복신)에서 유래한 것으로 복을 끌어들인다는 의미가 있다.

원래 오사카를 중심으로 한 풍습이었으나, 1990년대 이후 일본 전국의 문화로 정착했다. 매년 세쓰분이 다가오는 시기에 전국 마트나 편의점 도시락, 반찬 코너에서 후토마키가 많이 판매된다.

[참고문헌]
トリッキーツアー (트리키 투어) 사이트, https://trickytour.jp/fuji/column/beginners.html

⋯→ '기리 초코'란?

2월 14일 밸런타인데이에 연애 감정을 수반하지 않는 남성에게 주는 초콜릿 또는 그러한 사회 풍습 전반을 '기리 초코(義理チョコ – 의리 초코)'라고 하며, 일본 특유의 문화라고 할 수 있습니다. 연애 감정은 없지만 친목을 위해 혹은 예의상 주는 것을 '의리로 준다'고 표현하는 것입니다. 일본 여성들은 이날 가족이나 친구, 직장 사람들에게 줄 기리초코를 준비하여 선물합니다.

이미 사귀고 있거나 좋아하는 마음을 전달하고 싶은 사람에게 주는 초콜릿을 '혼메이 초코(本命チョコ)'라고 합니다. '혼메이(本命)'란 원래 승부나 선거에서 '가장 유력한 우승/당선 후보'를 가리키는 말인데, 연애와 관련해서는 '정말로 마음에 두고 있는 사람'을 가리키기도 합니다.

'혼메이 초코'는 손수 만들거나 고급 초콜릿을 주는 경우가 많고, '기리 초코'는 누가 봐도 편의점이나 마트에서 쉽게 구할 수 있는 일반적인 초콜릿, 포장도 하지 않거나 해도 간소한 포장인 경우가 많습니다. 그렇지만 '기리'로 받아들일지 '혼메이'로 받아들일지는 그것을 받은 사람 나름의 해석에 따라 달라집니다. 주는 사람도 받는 사람도 오해가 없도록 조심할 필요가 있을 것 같습니다.

IV 전통 예능과 예술

🌥 전통 예능

전통 예능이란 서양의 영향을 받기 전부터 존재했던 일본 고유의 문화로, 춤이나 음악, 연극 등 주로 무대 위에서 관객에게 보여주는 예능을 가리킨다. 대표적인 것으로는 노, 교겐, 가부키, 분라쿠 등이 있다.

노가쿠

나라 시대(奈良時代 / 710 – 794) 서역에서 실크로드를 거쳐 들어온 대중 예능이 전국으로 확산되어 산가쿠(散楽)라고 불리게 되었다. 헤이안 시대(平安時代 / 794 – 1185)에 산가쿠와 토착 예능이 융합하여 다양한 예능이 생겨났으며, 산가쿠 중 익살스러운 이야기가 있는 극을 **사루가쿠**(猿楽)라고 부르게 되었다.

무로마치 시대(室町時代 / 1336 – 1573)에 이르러 사루가쿠는 막부의 비호를 받아 크게 발전하여 **간아미**(観阿弥)와 **제아미**(世阿弥) 부자에 의해 완성되었다. 사루가쿠는 한때 쇠퇴하였으나, 사루가쿠 재흥을 위해 1881년 노가쿠샤(能楽社)가 설립되었으며, 이를 계기로 사루가쿠는 **노가쿠**(能楽)라고 개칭되어 '노'와 '교겐'을 합친 것을 의미하게 되었다.

노

노(能)는 14세기 간아미와 제아미 부자에 의해 완성된 가무극이다. 신화나 고전문학을 소재로 한 초자연적이고 고상한 내용을 담은 이야기가 많다. 무대 위에서 피리나 타악기를 이용한 반주와 노래에 맞춰 배우가 춤을 추듯이 연기하며 이야기가 전개된다. 무대 배경은 소나무 한 그루의 그림뿐이며, 동작은 정적이고 완만하다.

노 무대의 주역을 **시테(シテ)**라고 하며, **노멘(能面)**이라는 가면을 쓰고 연기하는 경우가 대부분이다. 다양한 노멘을 착용함으로써 인간이 아닌 신이나 귀신을 연기하거나, 등장인물의 심정 변화를 표현하기도 한다. 반면, 시테의 연기를 이끌어 내는 역할을 **와키(ワキ)**라고 하며, 승려나 신관 등과 같은 인물을 연기하며 노멘을 쓰지 않는다.

▲ 노멘

◀ 노 공연

출처: 위키피디아

교겐

노래와 춤을 중심으로 고상한 이야기를 전개하는 노에 비해 **교겐(狂言)**은 대사와 동작으로 웃음을 선사하는 희극이라고 할 수 있다. 기원은 노와 같은 사루가쿠이며, 중세부터 노와 함께 공연되었던 짤막한 대사극이 발달하여 현재의 교겐이 되었다. 노와 같은 무대를 사용하나 주인공들이 기본적으로 가면을 쓰지 않고, 노래가 아닌 대화로 이야기가 진행된다. 서민들의 일상적인 사건을 중심으로 등장인물의 실패담을 소재로 하며, 실제로 살아가는 인간의 모습을 풍자한 내용이 많다.

◀ 교겐

가부키

가부키(歌舞伎)는 에도 시대(江戸時代 / 1603 – 1868) 초기에 등장해 17세기 후반에 성립된 종합 연극으로, 당시 서민들에게 큰 인기를 끌었던 에도 시대 최고의 대중 오락이다. 노와 달리 큰 무대와 화려한 화장, 의상, 동작, 음악, 효과음, 장치 등 다이내믹한 연출이 특징이다. 최근에는 스토리나 대사를 현대에 맞게 각색하거나 현대극의 연출을 활용하는 등 새로운 형태의 가부키가 모색되고 있다.

가부키의 어원은 동사 '가부쿠(傾く)'이며 원래는 '상식에서 벗어나 기발한 옷차림과 행동을 한다'는 뜻이다. 한자 표기는 각각 노래 가(歌), 춤출 무(舞), 재주 기(伎)로, 가부키의 특색을 잘 나타내고 있다. 가부키의 기원은 17세기 초 이즈모노 오쿠니(出雲の阿国)라는 여성이 춘 '가부키 오도리(かぶき踊り)'라는 화려하고 참신한 춤이다. 이 춤이 교토에서 유행하면서 점차 전국으로 퍼졌으나, 풍기문란 문제로 막부의 규제가 점점 심해졌으며, 그 결과 성인 남성만이 배우로 등장하는 현재 가부키의 형태로 바뀌게 되었다.

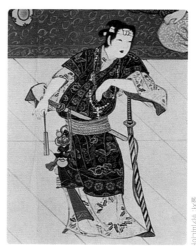

▲ 이즈모노 오쿠니

가부키의 종류

현재 상연되고 있는 가부키에는 400편 이상의 작품이 있으며, 그 내용은 주로 **지다이모노(時代物 − 시대물)**와 **세와모노(世話物 − 세화물)**로 분류된다. 지다이모노는 에도 시대 이전 귀족 사회나 무사 사회에서 일어난 사건들을 다룬 것이며, 세와모노는 에도 시대 서민들의 풍습이나 일상을 소재로 한 것을 가리킨다.

1986년, 3대 이치카와 엔노스케(三代目市川猿之助)가 시작한 현대식 가부키를

▲ 지다이모노

▲ 세와모노

▲ 슈퍼 가부키 〈원피스〉

슈퍼 가부키(スーパー歌舞伎)라고 한다. 기존의 가부키와는 달리 현대적인 요소와 오락성이 강하며 화려한 연출과 무대 장치가 특징이다. 최근 인기 만화 〈원피스(ONE PIECE)〉를 원작으로 한 공연을 하거나 가부키 배우가 아닌 현대극 배우가 출연하는 등 화제를 모으고 있다.

가부키의 무대 장치

가부키 무대에는 일반적인 극장과 다른 다양한 무대 장치가 설치되어 있다. 에도 시대 서민들에게 최고의 오락이었던 가부키는 관객들의 요구에 따라 보다 역동적이고 박진감 있는 연출이 필요했기 때문이다.

◀ 가부키의 무대

마와리부타이(廻り舞台 - 회전 무대)

무대 중앙을 둥글게 잘라 회전시키는 무대 장치로 배우를 태운 채 회전시킴으로써 빠르게 장면을 전환시킬 수 있다. 모양이 쟁반을 닮았기 때문에 '본(盆 - 쟁반)'이라고 도 불린다. 18세기 중반에 선구적으로 개발된 무대 기구로써, 19세기 후반 서양의 극 장에도 도입되었다.

하나미치(花道)

무대 왼쪽에서 객석을 향해 뻗은 통로 형태의 무대이다. 배우가 객석을 가로질러 등장하거나 퇴장하는 데 사용된다.

▲ 하나미치

세리(セリ)

무대 일부에 구멍을 뚫어 엘리베이터처럼 수직으로 오르내리면서 도구나 배우를 등장시키거나 사라지게 할 수 있다. 용도에 따라 여러 크기의 세리가 있다.

숫폰(スッポン)

무대에 가까운 하나미치에 있는 작은 세리를 말한다. 귀신이나 요괴가 등장하면서 관객을 놀라게 하는 연출에 사용된다. 귀신이 불쑥 나타나는 모양이 자라(スッポン)의 목과 닮았기 때문에 숫폰이라고 불리게 되었다.

▲ 숫폰

조시키마쿠(定式幕)

검은색, 황토색, 초록색의 세로 줄무늬로 이루어진 무대막이다. 옆으로 잡아당겨 여닫는 막으로, 가부키 공연의 시작과 끝에 사용된다.

◀ 조시키마쿠

가부키의 연출

가부키 배우의 얼굴에 짙고 선명한 화장을 하는 경우가 있는데 이를 **구마도리(隈取)**
라고 하며, 주로 지다이모노에서 사용
된다. 구마도리는 배우의 얼굴에 깊이
나 입체감을 만들어 얼굴 윤곽을 강조
하는 효과가 있다. 역할에 따라 색깔이
다르며 붉은색은 주로 선량하고 정의로
운 인물을 나타내는데, 주인공이 대체
로 붉은색이다. 푸른색은 주인공의 적

▲ 구마도리

이 되는 악인, 갈색은 귀신이나 요괴를 나타낸다.

가부키의 극적인 장면에서 감정의 고조를 나타내기 위해 배우가 눈이나 손에 힘을
집중시켜 동작을 멈추는 연기를 하는데 이를 **미에(見得)**라고 한다. 직전에 머리를 흔
들거나 발을 내딛으면서 관객의 시선을 끌다가 순간적으로 멈춤으로써 일종의 클로즈
업 효과를 얻게 된다. 이 때 얼굴에도 힘을 주어 한쪽 눈을 정면으로, 다른 한쪽 눈을
안쪽으로 돌려 멈추는 독특한 표정을 짓는 경우가 많은데, 이를 **니라미(にらみ)**라고
한다.

◀ 니라미

┈▸ 두 번째가 꽃미남?

일본어로 '니마이메' 하면 보통 꽃미남, 잘생긴 사람을 가리킵니다. '마이(枚)'는 종이나 천, 널빤지 등 얇은 것을 셀 때 사용하는 수사이고 '메(目)'는 '~째'를 뜻하는 말입니다. 따라서 '니마이메(二枚目)'란, 말 그대로 해석하면 '얇은 것의 두 번째'를 나타내는 말입니다. 그런데 왜 '잘생긴 사람'이라는 뜻으로 쓰이게 되었을까요? 이는 에도 시대 때, 가부키 극장 앞에 걸린 배우의 간판 순서가 첫 번째는 주인공, 두 번째가 연애 이야기의 중심인물이 되는 미남 배우였던 것에서 유래했습니다. 한편, 세 번째에는 우스꽝스러운 연기를 하는 배우의 간판이 걸렸으므로, 익살스럽고 웃기는 사람을 가리켜 '삼마이메(三枚目)'라고 부르게 되었습니다.

또한 한국어로도 자주 쓰이는 '18번'이라는 말도 원래 가부키에서 유래한 말입니다. 에도 시대 때, 7대 이치카와 단주로(市川團十郎)가 이치카와 가문에서 대대로 내려온 열여덟 가지의 주요 가부키 공연 목록을 '가부키 주하치반(歌舞伎十八番 – 가부키 18번)'으로 제정했다고 합니다. 이것이 유래가 되어 오늘날에는 가장 자신 있는 특기나 재주를 가리켜 '주하치반 – 18번'이라고 부르게 되었으며, 특히 '가장 잘하는 노래'라는 뜻으로 널리 사용하게 되었습니다. 참고로 '주하치반'을 '오하코'라고도 부르는데, 이는 옛날에 진품이거나 가치 있는 물품을 상자(箱) 안에 담아 감정사가 서명했던 것에서 유래됩니다. '진정한 예능으로 인정되었다'는 뜻으로 '가부키 주하치반'을 '오하코'라고 불렀던 것입니다.

분라쿠

분라쿠(文楽)는 샤미센(三味線)이라는 세 개의 줄로 된 일본 전통 현악기의 반주와 다유(太夫)라는 이야기꾼의 말에 맞춰 인형을 조작하는 인형극이다. 다유가 노래를 부르듯 독특한 가락으로 이야기하는 예능을 조루리(浄瑠璃)라고 하며, 이를 인형(人形)극을 통해 보여주기 때문에 원래 닌교조루리(人形浄瑠璃)라고 불렸던 것이다. 근대 초기 오사카에 분라쿠자(文楽座)라는 극장에서 흥행에 성공하면서 분라쿠라고 불리게 되었다.

▲ 분라쿠

▲ 샤미센

라쿠고

무대 위에 깔아 놓은 방석에 혼자 앉아, 표정과 손짓으로 연기하며 입이나 부채로 적절한 효과음을 내면서 익살스러운 이야기를 하는 예능을 라쿠고(落語)라고 한다. 이야기 끝에 웃음을 유발하는 재치있는 말로 하며 무대를 마무리하는 것이 특징인데, 이를 오치(落ち)라고 한다.

라쿠고를 하는 사람을 라쿠고카(落語家) 또는 하나시카(噺家)라고 하고, 라쿠고의 무대를 고자(高座)라고 하는데, 이는 관객들보다 한 단계 높은 위치에서 라쿠고 공연을 하기 때문이다. 그리고 여러 명의 라쿠고카가 출연하는 공연 또는 공연장을 가리켜 요세(寄席)라고 한다.

에도 시대에 성립하여 서민들 사이에서도 인기를 끌었던 라쿠고는, 현대에도 인기가 많은 예능 장르이며, 도쿄와 오사카를 중심으로 날마다 많은 요세가 열리고, TV 등 매체를 통해 접할 기회도 많다. 현대에도 인기가 많은 라쿠고지만, 에도 시대부터 이어진 일본의 전통 예능이기 때문에 요세에서 라쿠고카는 와후쿠(기모노) 모습으로 고자에 오른다.

▲ 라쿠고

스모

한국의 씨름과 비슷한 일본의 전통 스포츠인 **스모(相撲)**는 고대부터 풍년을 기원하며 감사를 올리는 **신지(神事 – 신과 관련된 의식, 행사)**에서 유래했다. 그러므로 현재도 신토(神道 – 신도)와 관련이 깊으며, 시메나와(注連縄 – 금줄)나 시데(紙垂) – 종이 장식) 등의 도구를 비롯하여, 동작이나 의상, 규율도 신토와 공통점이 많으며 진자(神社 – 신사)와도 밀접한 관계에 있다.

신토나 불교의 건축물 복원에 필요한 자금을 준비하기 위해 요금을 받고 볼거리를 제공하는 것을 '간진(勧進)'이라고 했는데, 에도 시대에는 '간진'을 명목으로 영리 목적의 스모 경기가 일반적이었다. 이를 **간진즈모(勧進相撲)**라고 하며, 에도 시대 중기 이후에는 계절마다 경기 장소를 옮기는 '사계 간진즈모'가 확립되어 에도 서민들의 인기를 끌었다.

스모는 고대부터 이어져 내려온 일본의 전통 행사이며, 관객에게 보여주는 공연물로서의 전통 기예이자 전통 문화라는 인식도 강하기 때문에, 이를 단순히 스포츠의 범주로서만 다룰 수는 없다.

오즈모 혼바쇼

에도 시대에 유행했던 간진즈모가 발전하여 현재는 일본 스모협회가 주최하는 **오즈모(大相撲)**가 되었다. 오즈모의 정기 대회를 **혼바쇼(本場所)**라고 하며, 1년에 6번, 홀수 달에 15일간 열린다. 각 혼바쇼는 도쿄 → 오사카 → 도쿄 → 나고야 → 도쿄 → 후쿠오카 순으로, 도쿄와 지방 도시를 번갈아 가며 개최되도록 정해져 있다. 혼바쇼가 1년에 세 번 열리는 도쿄의 **료고쿠 국기관(両国国技館)**은 오즈모 경기를 위한 시설이며 스모의 전당이다. 혼바쇼의 경기 내용은 일본의 공영방송인 NHK에서 생중계된다.

혼바쇼의 일정과 장소

개최월	정식 명칭	통칭	개최 장소
1월	1월 바쇼	하쓰바쇼(初場所)	도쿄(東京)
3월	3월 바쇼	하루바쇼(春場所) · 오사카바쇼(大阪場所)	오사카(大阪)
5월	5월 바쇼	나쓰바쇼(夏場所)	도쿄(東京)
7월	7월 바쇼	나고야바쇼(名古屋場所)	나고야(名古屋)
9월	9월 바쇼	아키바쇼(秋場所)	도쿄(東京)
11월	11월 바쇼	규슈바쇼(九州場所)	후쿠오카(福岡)

▲ 료고쿠 국기관

▲ 료고쿠 국기관에서 열리는 혼바쇼

반즈케

오즈모의 선수를 **리키시(力士)**라고 하며, 아래로부터 조노쿠치(序ノ口), 조니단(序二段), 산단메(三段目), 마쿠시타(幕下), **주료(十両)**, **마쿠우치(幕内)**의 6개 계급으로 나뉜다.

리키시의 계급

세키토리 (関取)	마쿠우치 (幕内)	요코즈나(横綱)	산야쿠(三役)
		오제키(大関)	
		세키와케(関脇)	
		고무스비(小結)	
		마에가시라(前頭)	히라마쿠(平幕)
	주료(十両)		
리키시 양성원 (力士養成員)	마쿠시타(幕下)		
	산단메(三段目)		
	조니단(序二段)		
	조노쿠치(序ノ口)		

주료 이상을 **세키토리(関取)**라고 하며, 급여를 받는 프로 리키시가 된다. 최상위 계급인 마쿠우치 리키시들이 펼치는 도리쿠미(시합)가 혼바쇼의 메인 이벤트다. 마쿠우치 리키시의 지위는 아래로부터 **마에가시라(前頭)**, **고무스비(小結)**, **세키와케(関脇)**, **오제키(大関)**, **요코즈나(横綱)**이며, 각 혼바쇼의 성적 결과에 따라 지위가 바뀐다. 단, 요코즈나는 최상위이자 특별한 칭호이기 때문에 한 번 요코즈나가 되면 은퇴할 때까지 그 지위가 계속된다. 이러한 리키시의 계급이나 지위를 혼바쇼마다 기록한 순위표를 **반즈케(番付)**라고 한다.

스모베야

리키시가 소속하는 단체를 **스모베야(相撲部屋)**라고 하고, 보통은 단순히 **헤야(部屋)**라고 부르거나 각 스모베야 이름을 붙여서 'ㅇㅇ베야'라고 부른다. 일종의 팀이나 기획사 역할을 하지만, 스모는 기본적으로 개인전이므로 다른 헤야와 단체전을 벌이는 일은 없다. 단, 같은 헤야의 리키시끼리는 우승결정전을 제외하고 맞붙지 않도록 대전표를 짠다.

◀ 스모베야의 연습 풍경

2023년 현재 44개의 스모베야가 있으며, 같은 헤야에 소속하는 리키시들은 오야카타(親方)라고 불리는 지도자와 함께 집단 생활을 하며 연습하는 나날을 보낸다. 헤야에서는 일상적으로 **잔코나베(ちゃんこ鍋)**라는 닭고기나 생선과 함께 여러 채소를 넣어 만든 냄비요리를 먹는다.

리키시들은 본명이 아닌 **시코나(四股名)**라는 리키시용 이름을 사용하는데, 이는 리키시가 발을 크게 올려 힘차게 내려 땅을 밟는 **시코(四股)**라는 동작에서 유래한다. 시코나에는 헤야마다 공통된 말(한자)을 사용하는 경우가 많다. 반즈케에 시코나를 적으며, 방송이나 신문 등의 매체에서도 모두 시코나를 사용하는 것이 일반적이다.

◀ 시코 동작

도리쿠미

한 판의 스모 대결을 **도리쿠미(取組)**라고 한다. 도리쿠미가 진행되는 자리를 **도효(土俵 – 씨름판)**라고 하는데, 흙으로 된 네모난 토대 안에 흙이 든 길쭉한 가마니를 연결하여 원을 만든다. 샅바의 일종인 **마와시(廻し)**를 맨 리키시는 도효 위에 올라 도리쿠미에 임한다. 도효에 오른 두 리키시는 발을 크게 올려 시코 동작을 하거나 도효 위에 소금을 뿌리면서 도리쿠미를 시작하기 전에 준비 동작을 한다. 신토와 관련이 깊은 스모의 도효는 신성한 곳이어야 하는데, 도효 위에 소금을 뿌린다는 것은 부정을 없앤다는 의미가 있다.

▲ 도효

▲ 마와시를 맨 리키시

스모의 심판을 **교지(行司)**라고 하며, 교지가 제한시간이 다 되었음을 알리면 도효에 오른 두 리키시가 타이밍에 맞춰 맞붙기 시작하는데, 이를 **다치아이(立合い)**라고 한다. 발바닥 외의 신체의 일부가 땅바닥에 닿거나 도효의 원 밖으로 나가면 지게 된다. 결판이 나면 교지는 **군바이(軍配)**라는 부채 모양의 도구로 승자 쪽을 가리킨다.

▲ 교지와 군바이

▲ 다치아이의 순간

기마리테

스모에서 승부를 결정하는 기술을 **기마리테(決まり手)**라고 하며, 현재 82개의 기마리테가 있다.

대표적인 기마리테

요리키리(寄り切り)	오시다시(押し出し)
마와시를 잡아 올려 도효 밖으로 내보내는 기술	상대의 몸을 잡아 도효 밖으로 밀어내는 기술
하타키코미(叩たき込み)	우와테나게(上手投げ)
상대가 낮은 자세로 나왔을 때 어깨나 등을 쳐서 쓰러뜨리는 기술	상대의 팔 위(바깥쪽)에서 마와시를 잡아 던지는 기술

···▶ 리키시가 되려면?

　23세 미만의 의무교육을 마친 건강한 남성이라면 스모베야의 지도자인 오야카타의 승낙을 거쳐 스모협회에서 혼바쇼 전에 실시하는 '신제자 검사(新弟子検査)'를 받을 수 있습니다. 이 검사에는 건강검진과 체격검사가 있는데, 키 167cm, 몸무게 67kg 이상이어야 합니다. 이 검사에 합격하면 비로소 스모협회에 등록되어 정식 리키시로 인정됩니다.

　반즈케를 올려 리키시로서 출세하려면 연습을 많이 해야 합니다. 리키시가 하는 연습은 '게이코(稽古)'라고 하며, 아침 6시부터 10시 즈음까지 게이코를 합니다. 일반 사람들이 리키시들의 게이코를 구경할 수 있도록 하는 스모베야도 있습니다. 게이코를 마친 후에 식사를 하는데, 스모베야에서는 점심과 저녁, 하루 두 끼 리키시들이 손수 만드는 잔코나베를 먹습니다. 매일매일 잔코나베를 만들기 때문에 리키시들이 잔코나베를 만드는 솜씨는 남다릅니다. 리키시를 은퇴한 후 잔코야(ちゃんこや － 잔코나베 가게)를 운영하여 성공하는 사람도 많습니다.

　최근에는 저출산과 스모의 인기 저하로 리키시 지망생이 감소하고 있습니다. 대신 외국 출신의 리키시가 늘어났으며, 2023년 현재 최상위 등급인 마쿠우치 리키시 중 5분의 1 정도가 몽골을 비롯한 외국 출신의 리키시가 차지하고 있습니다. 그 중 요코즈나 오제키도 있으니 놀라울 따름입니다.

▲ 몽골 출신 요코즈나 데루노후지(照ノ富士)

☁ 우키요에

우키요에(浮世絵)는 에도 시대 서민들의 사는 모습이나 흥행물, 풍경 등을 그린 풍속화를 말한다. 우키요에의 '우키요'는 근심 우(憂) 자로 쓴 '힘든 세상'을 의미하는 '우키요(憂き世)'이며, 나중에 무상한 세상이라는 관념이 부가되어 뜰 부(浮) 자가 사용되었다. 그러나 에도 시대에는 이 말을 이전의 염세적인 의미와 정반대로 '향락적으로 살자'는 의미로 사용하게 되어 우키요에 유행의 사상적 토대가 되었다. 에도 시대는 이전 시대에 비해 서민들의 생활이 풍요로워지면서 역사상 처음으로 서민들이 문화의 중심이 된 시대이다. 우키요에는 그러한 서민들의 오락거리 중 하나였다.

우키요에의 생산

우키요에의 작품 형태는 화가가 붓으로 직접 그리는 육필화(肉筆画)와 화가가 그린 그림을 나무에 새겨 인쇄하는 목판화(木版画)로 나뉜다. 육필화는 그림 단가가 매우 비싸서 일반 서민들이 살 수 없었다.

목판화는 처음에는 먹물로 인쇄한 그림에 주로 붉은색 계통의 색깔을 직접 칠하는 단에(丹絵)로 시작되었지만, 점점 채색 기술이 향상되어 목판 자체에 색을 발라 보다 효율적인 목판화 인쇄가 가능해지게 된다. 에도 시대 중기에 이르러 **스즈키 하루노부(鈴木春信)**가 다색 인쇄 기술을 개발하면서 다색 인쇄 목판화인 **니시키에(錦絵)**가 탄생하였다. 니시키에는 오늘날 우리가 흔히 볼 수 있는 가장 일반적인 우키요에의 작품 형태이다.

니시키에에 의해 우키요에의 기본적인 분업 체제가 확립되었다. 우선 상업의 출자자이자 판매자인 **한모토(版元)**가 우키요에 제작을 기획한다. 한모토는 오늘날의 출판사에 해당한다. 한모토에게 의뢰를 받은 **에시(絵師 – 화가)**는 밑그림을 그린다. 그 그림을 **호리시(彫師 – 각수)**가 목판에 새긴 후, 에시의 지시에 따라 **스리시(摺師 – 인쇄장인)**가 목판에 물감을 묻혀 종이에 색을 찍어낸다. 이로써 다색 인쇄된 우키요에를 대량으로 생산하게 되었으며 가격도 저렴해지면서 에도 서민들 사이에 퍼져나갔다. 당시 우키요에 한 장은 소바(메밀국수) 한 그릇보다 약간 비싼 정도였다고 한다. 지금의 화폐 가치로 환산하면 대체로 1,000엔 내외로 살 수 있었던 것으로 추정된다.

　'에시'는 현대에서도 일반적으로 화가를 가리키기도 하기 때문에, 우키요에 화가임을 나타낼 때는 흔히 **우키요에시(浮世絵師)**라고 부른다. 에도 시대에 많은 우키요에시에 의해 인물화부터 풍경화까지 많은 우키요에가 생산되었고, 그 종류는 주제에 따라 다양하게 분류된다.

야쿠샤에

　당시 서민들의 최고 오락이었던 가부키에 출연하는 가부키 배우(役者)를 그린 것이 **야쿠샤에(役者絵)**이다. 인기 배우를 모델로 삼는 경우가 많아, 현대의 브로마이드와 같은 역할을 하였다. 당시 인물의 얼굴이 돋보이게끔 상체를 크게 그리는 **오쿠비에(大首絵)**가 유행했는데, 이 기법으로 그린 **도슈사이 샤라쿠(東洲斎写楽)**의 우키요에가 인기를 끌었다. 샤라쿠는 짧은 기간에 야쿠샤에를 많이 제작한 후, 홀연히 모습을 감춘 정체불명의 우키요에시로 유명하다. 후대 사람들에게도 궁금증을 유발하는 매혹적인 존재이며, 샤라쿠와 관련된 서적도 많고 영화나 TV 프로그램에서도 빈번히 다루어진다.

출처: 도쿄국립박물관 디지털 컬렉션

▲ 도슈사이 샤라쿠
〈3대 오타니 오니지의 얏코에도베(三代目大谷鬼次の奴江戸兵衛)〉
(1794)

미인화

여성의 외모나 내면의 아름다움 등 여성미를 그린 우키요에를 **미인화(美人画)**라고 한다. 찻집 아가씨나 게이샤(기생), 유곽의 유녀들을 주로 그렸다. 그 중 특히 **기타가와 우타마로(喜多川歌麿)**의 오쿠비에가 인기를 끌었다. 우타마로는 당시 야쿠샤에에 사용되던 상체를 크게 그리는 오쿠비에 기법을 미인화에도 도입함으로써 여성의 외향적 아름다움뿐만 아니라 내면의 요염함까지도 섬세하게 표현하고자 하였다.

▲ 기타가와 우타마로 〈간세이 세 미인(寬政三美人)〉(1793)

메이쇼에

자연이나 거리 등 일본의 명소(名所) 풍경을 그린 우키요에를 **메이쇼에(名所絵)**라고 한다. 단순히 **풍경화(風景画)**라고도 한다. 메이쇼에를 그린 우키요에시들은 원근법이나 명암법 등 유럽 미술에서 쓰는 기법을 적극적으로 도입하였다.

여러 곳에서 본 후지산을 그린 **가쓰시카 호쿠사이(葛飾北斎)**의 〈**후가쿠 산주롯케이(富嶽三十六景 – 부악 36경)**〉(1831 – 1834)와, 에도와 교토를 잇는 가도(큰길)인 도카이도의 슈쿠바(宿場 – 역참) 부근의 풍경을 그린 **우타가와 히로시게(歌川広重)**의 〈**도카이도 고주산쓰기(東海道五十三次 – 도카이도 53역참)**〉(1833, 34년경) 등이 유명하다. 19세기 말 유럽에서 일본 예술이 유행했는데(자포니즘), 그 중에서도 호쿠사이와 히로시게의 작품이 폭발적인 인기를 끌었다고 한다.

◀ 가쓰시카 호쿠사이 〈후가쿠 산주롯케이〉

◀ 우타가와 히로시게 〈도카이도 고주산쓰기〉

희화

인물이나 동물을 익살스럽게 그리거나 풍자적으로 그린 것은 **희화(戲画)**라고 부른다. 에도 시대 후기의 **우타가와 쿠니요시(歌川国芳)**가 희화의 명수로 꼽힌다. 그는 고양이, 너구리, 참새, 문어 등을 의인화하여 세상을 풍자하거나 에도 서민들의 생활을 묘사하였다. 또한, 인체나 동물 모양을 모아 인물이나

▲ 우타가와 구니요시 〈고양이의 연습(猫のけいこ)〉(1841)

글자를 그리는 **요세에(寄せ絵)**라는 종류의 작품도 많이 남겼다.

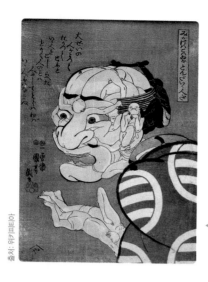

◀ 우타가와 구니요시
〈보기에는 무섭지만 의외로 좋은 사람이다(みかけハこハいがとんだいい人だ)〉
(1847)

자포니즘

19세기 말 프랑스를 중심으로 한 유럽에서 일본 예술 붐인 **자포니즘(ジャポニズ ム)**이 일어났다. 그 중심에 우키요에가 있었으며, 유럽에서 우키요에의 예술적 가치가 높이 평가되어 인기를 얻었다. 우키요에는 에두아르 마네, 클로드 모네, 빈센트 반 고흐, 구스타프 클림트 등 서양의 예술가에게 큰 영향을 주었다. 특히 우키요에에 심취했다고 하는 고흐는 우키요에를 모사하거나 자신의 그림 속에 우키요에를 그려 넣기도 했다.

▲ 우타가와 히로시게의 우키요에(왼쪽)와 고흐의 모사(오른쪽)

⋯⟩ 에도 시대의 우키요에에
도쿄 스카이트리가 그려져 있다?

재미있고 특이한 우키요에를 많이 남긴 것으로 유명한 에도 시대 말기의 우키요에시, 우타가와 구니요시가 2010년대에 다시 한번 일본 대중들을 놀라게 한 일이 있었습니다. 문제의 우키요에에는 1832년경, 지금부터 190년 정도 전에 제작된 것으로 추정되는 〈도토 미쓰마타의 그림(東都三ツ股の図)〉인데, 도토(에도) 시내를 흐르는 강인 스미다가와가 세 갈래로 갈라지는 곳의 풍경을 그린 작품입니다.

얼핏 보면 별다른 점이 없는 에도 시대의 풍경화로 보이지만, 자세히 보면 왼쪽 강 건너편에 탑 두 개가 서 있는 것을 알 수 있습니다. 작은 탑은 히노미야구라(火の見櫓)라는 화재 감시대로 보이며, 실제로 에도 시대 시내 곳곳에 있었습니다. 그러면 그 오른쪽의 큰 탑은 무엇일까요? 높이가 에도 시대에 있었던 탑이라고는 믿기 어려울 정도로 비정상적으로 높아 보입니다. 이를 보고 설마 이 탑이 도쿄 스카이트리(東京スカイツリー)가 아니냐는 사람들이 나타났습니다. 도쿄 스카이트리는 2012년에 완공된 전파탑입니다. 높이 634m로 세계에서 가장 높은 전파탑으로도 유명하지요. 그 스카이트리를 에도 시대에 그렸다니 말도 안됩니다. 그렇지만

▲ 스미다가와 도쿄 스카이트리

스미다가와 건너편에 보이는 풍경의 구도가 스카이트리의 원경과 똑 닮았습니다. 급기야 우타가와 구니요시는 사실 미래인이었기 때문에 스카이트리의 존재를 이미 알고 있었다든지, 예지 능력이 있어 스카이트리의 건설을 예언했다는 등 어처구니없는 소문까지 떠돌았습니다.

결국 자세히 위치를 대조해 보니 실제 스카이트리 위치와 이 정체불명의 탑의 위치가 다르다는 것이 밝혀져 재미삼아 이야기하는 도시전설 정도로 수습되었습니다. 그러나 이 탑의 정체는 여전히 수수께끼로 남아 있습니다. 에도 시대 서민들에게도 많은 재미를 주었던 우타가와 구니요시는 시대를 넘어 현대인들에게도 재미를 주는 정말 독특한 우키요에시인 것은 분명합니다.

다도와 화도

다도

다도(茶道)란 전통적인 양식에 따라 차를 끓이고 손님은 대접하며, 대접받은 사람이 차를 받고 마시는 일련의 행위를 말하며, 차노유(茶の湯)라고도 한다. 다도에서는 차를 끓이는 방법, 마시는 방법, 절하는 방법 등 사호(作法)라는 예의범절이 있다. 또한 다도는 다실(茶室)과 거기에 두는 족자나 차도구(茶道具), 즉 건축물과 미술품, 도예 등 다도 전체를 구성하는 여러 요소들을 한 번에 접할 수 있는 종합예술이기도 하다.

▲ 다실

▲ 다도

차는 가마쿠라 시대(鎌倉時代 / 1185 – 1333) 승려 에이사이(栄西)가 중국에서 선종(禅宗)과 함께 차를 가져와 재배를 시작하면서 전국적으로 퍼졌다. 무로마치 시대에는 와모노(和物)라는 일본제 차도구를 사용, 주인과 손님의 정신적인 교류를 중시하는 **와비차**(わび茶)의 원형이 성립되었다. 그때부터 다실과 차도구도 검소한 것을 사용하게 되었는데 **와비**(わび)는 "소박하고 검소한 것 속에 깊이나 풍부함 등의 정취를 느끼는 마음"이라는 일본 특유의 미의식이 깔려 있다.

아즈치모모야마 시대(安土桃山時代 / 1573 – 1603)에 들어 **센노 리큐**(千利休)가 와비차를 완성시켰다. 그것이 오늘날 다도의 토대가 되었다. 다도에는 센노 리큐의 후

손들이 세운 '오모테센케(表千家)', '우라센케(裏千家)', '무샤코지센케(武者小路千家)' 등 이른바 '산센케(三千家)'를 비롯해 수많은 유파가 있어 현재까지 다도의 전통을 이어오고 있다.

◀ 센노 리큐

산센케 중 오모테센케는 다도의 본가로서 전통예절을 충실히 지키고 있는 격식이 높고 보수적인 유파다. 사용하는 차도구는 우라센케에 비해 검소하며 말차를 저을 때 거품을 많이 내지 않는다. 우라센케는 서민들과도 가깝고 해외 보급에도 힘쓰는 등 시대에 맞게 새로운 시도를 하는 것이 특징이며, 다도 유파 가운데 가장 규모가 크다. 오모테센케의 다실은 골목에 면한 쪽(오모테)에 있어서 오모테센케, 우라센케의 다실은 오모테센케의 뒤쪽(우라)에 있어서 우라센케라고 부르게 되었다. 무샤코지센케는 다실의 장식이 다른 유파에 비해 간소하고, 군더더기 없는 합리적인 동작을 중요시하는 것이 특징이다.

▲ 오모테센케의 다실 후신안(不審庵)

▲ 우라센케의 다실 곤니치안(今日庵)

화도

화도(華道)는 일본 특유의 전통 예술로 꽃과 잎, 나무 등 식물을 그릇에 꽂아서 감상하는 예술을 말하며, **이케바나(生け花 – 꽃꽂이)**라고도 한다.

불교 전파 이래 불전에 꽃을 올리는 습관이 있었는데, 이것이 화도의 유래가 되었다고 한다. 화도가 성립된 것은 무로마치 시대이며, 처음에는 상류층의 소양이었으나 에도 시대 중기에는 서민들에게도 퍼져 유행하게 되었다. 꽂은 꽃은 일본 전통식 방인 와시쓰(和室)의 움푹 들어간 벽 쪽 공간인 도코노마(床の間)에 장식하거나, 현관이나 거실에 장식하는 경우도 있다. 가정집 외에도 공공건물의 로비 등에서도 볼 수 있다.

▲ 도코노마에 장식된 이케바나

꽃을 꽂는 양식은 다양하지만, 대표적인 양식은 가늘고 긴 꽃병에 꽃을 세로로 꽂는 **헤이카(瓶花)**이며, 자연 상태의 꽃이 가지고 있는 분위기를 해치지 않고 꽃병에 운치 있게 재현하는 것이 특징이다. 한편, 수반(水盤)이라는 넓고 얕은 그릇에 **침봉(劍山)**을 사용하여 꽃을 꽂는 **모리바나(盛花)**라는 양식이 있다. 헤이카가 세세한 규칙이 많은 반면, 모리바나는 서양의 화초도 꽂을 수 있는 등 자유롭고 다양한 작품을 만들 수 있는 것이 특징이다.

▲ 헤이카

▲ 모리바나

▲ 모리바나에 사용되는 침봉

화도에는 유파가 300개 이상이 있다고 하는데, 특히 규모가 큰 대표적인 유파로는 무로마치 시대의 승려로부터 유래한 이케노보(池坊), 자유도가 높고 형식과 전통에 얽매이지 않는 전위적인 작풍으로 알려진 소게쓰류(草月流), 모리바나를 고안한 오하라 운신(小原雲心)이 창시한 오하라류(小原流) 등이 있다. 또한 개인 작가로 활약하는 화도가도 많이 있다.

🌥 전통 악기와 전통 완구

전통악기

샤미센

샤미센(三味線)은 일본의 전통적 현악기로 민요의 반주로 사용되는 것은 물론, 가부키나 분라쿠(조루리), 라쿠고 등 근대 이후의 예능 무대의 반주나 간주로 많이 사용된다. 음색이 다른 세 개의 줄로 되어 있고 기본적으로 바치(撥)로 튕겨서 연주한다.

▲ 샤미센과 바치

고토

고토(琴)란 긴(琴), 소(箏), 와곤(和琴) 등의 총칭으로, 거문고나 가야금과 비슷한 일본 전통 현악기이다. 고토지(琴柱)라는 줄을 지탱하는 기둥이 없는 것이 '긴', 있는 것이 '소'로 구별된다. 줄의 수는 '긴'이 7줄, '소'가 13줄이 기본이다. 대륙에선 넘어온 '긴'과 '소'

▲ 고토(소)의 연주

와 달리 와곤은 일본 고유의 현악기로 일본에서 가장 오래된 악기로 알려져 있다. 와곤은 6줄이며 고토지를 사용한다.

샤쿠하치

샤쿠하치(尺八)는 퉁소와 비슷한 일본의 전통적인 목관 악기이다. '샤쿠하치'라는 명칭은 길이가 1척 8촌(약 54.5 cm)이라는 데서 유래된다. 대나무에 구멍을 뚫어 세로로 부는 악기이다. 역사적으로 불교의 탁발과 깊은 관련이 있으며, 한때 이 악기는 불교의 특정 일파에 적을 둔 고무

▲ 샤쿠하치

소(虛無僧)라는 승려들만 연주하였다. 근대 이후에는 고무소가 적을 두었던 종파가 해체됨으로써 일반 사람들도 연주하게 되었다.

◀ 샤쿠하치를 부르며 탁발을 하는 고무소

전통 완구

하네쓰키

하네쓰키(羽根つき)는 배드민턴과 비슷한 일본의
전통 놀이이다. 나무 씨앗에 깃털을 여러 개 꽂아 만
든 하네(羽根)를 하고이타(羽子板)라는 나무 라켓으
로 친다. 주로 여자아이들이 설날에 즐기는 놀이이며,
하네를 떨어뜨리거나 제대로 치지 못하면 벌칙으로
얼굴에 먹물을 칠하기도 한다. 하고이타에는 그림이
그려지거나 인형 등의 장식이 달린 것도 있으며, 장식
품이나 전통공예품으로 판매되기도 한다.

▲ 하네와 하고이타

◀ 장식용 하고이타

오리가미

오리가미(折り紙 – 종이접기)는 정사각형의 색종이를 접어 여러 가지 모양을 만드
는 놀이이다. 무로마치 시대 때부터 존재했으며 에도 시대에 서민들에게 널리 퍼졌다.
대표적인 오리가미로는 학, 풍선, 비행기, 투구 등이 있으며, 무엇보다 유명한 것은 학
이다. 오리가미로 만든 학은 오리즈루(折り鶴)라고 하고, 천 개의(많은) 오리즈루를
실로 묶어 놓은 것을 센바즈루(千羽鶴)라고 한다(반드시 천 개일 필요는 없다). 센바
즈루는 축복이나 위안, 기원 등의 의미로 축제나 평화 행사, 병문안 때 기증되는 경우가

많다. 어린이들의 놀이 수준이 아닌 매우 복잡하고 정교한 오리가미 작품도 있어 예술품이나 전통공예품으로서의 측면도 있다.

▲ 센바즈루

▲ 오리가미 작가가 만든 정교한 오리가미 작품

겐다마

겐다마(けん玉)는 막대기와 공이 실로 연결된 일본의 전통 완구이자 놀이이다. 공을 제외한 부분을 겐(けん)이라고 하고, 끝이 뾰족한 막대기에 사라도(皿胴)라는 장구 모양의 부품이 꽂혀 있다. 사라도의 양옆이 그릇 모양으로 파여 있어 이를 사라(皿)라고 하며, 약간 넓은 쪽을 오자라(大皿), 좁은 쪽을 고자라(小皿)라고 한다. 막대기의 굵은 쪽에도 사라가 있는데, 이를 주자라(中皿)라고 부른다. 공은 다마(玉)라고 하며, 실과 연결된 부분과 반대쪽에 구멍이 있다. 겐과 다마는 보통 나무로 만들어진다.

◀ 겐다마

겐을 잡아당겨 다마를 사라 위에 얹어 멈추게 하거나, 겐 끝의 뾰족한 부분을 다마의 구멍에 꽂으면 성공이다. 숙달자들은 겐다마를 자유자재로 놀리면서 다양한 기술을 보여준다. 일본 내에서 전국 선수권대회 등 많은 대회가 열리며, 세계적으로도 애호가가 많으므로 세계대회도 개최되고 있다.

◀ 겐다마 세계대회

[참고문헌]
文化デジタルライブラリー 사이트, https://www2.ntj.jac.go.jp/dglib/modules/learn/
日本相撲協会 사이트, https://www.sumo.or.jp/Kimarite/index
刀剣ワールド浮世絵 사이트, https://www.touken-world-ukiyoe.jp/

⋯▸ 팔다리와 눈이 없는 인형?

일본에서는 행운과 행복을 바라며 길조를 상징하는 물건을 장식하는데, 이를 엔기모노(緣起物)라고 합니다. 길을 걷다 보면 상점 앞에서 손짓으로 손님을 부르는 마네키네코(招き猫)라는 고양이 인형을 만날 수 있습니다. 또한 일본인 지인의 집을 방문하면 도자기로 된 너구리 장식물(狸の置き物)이 현관 앞이나 마당에서 맞이해 주기도 합니다.

▲ 마네키네코

▲ 너구리 장식물

엔기모노 중에는 '다루마(だるま)'라는 것이 있습니다. 다루마는 선종의 시조로 불리는 달마대사의 모습을 본뜬 인형으로, 에도 시대에 오늘날과 같은 다루마가 만들어졌습니다. 넘어져도 저절로 일어나는 오뚝이 인형으로 일본 어디서나 볼 수 있습니다. 마네키네코와 함께 전통 공예품으로서도 인기가 많습니다.

▲ 달마대사   ▲ 다루마

그런데 다루마에는 팔다리가 없습니다. 이는 달마대사가 9년 동안 참선을 계속하다가 결국 팔다리가 썩어 없어졌다는 전설에서 유래됩니다. 그리고 다루마에는 눈도 없습니다. 이는 구매한 후에 구매자가 직접 그리기 때문에 일부러 눈이 없는 것을 판매합니다. 소원을 빌 때 한쪽 눈을 그리고, 그 소원이 이루어지면 다른 쪽 눈을 그리는 풍습이 있기 때

▲ 선거 당선인이 다루마의 눈을 그리고 있다.

문입니다. 선거 개표 방송에서 당선이 확정된 후보자가 붓으로 다루마의 눈을 그리는 장면도 자주 보는 풍경입니다. 물론 단순한 장식품으로 눈이 있는 다루마를 판매하는 경우도 많습니다.

제 3부

현대 일본 사회

I 정치와 경제

II 학교와 예능

III 오락과 예능

┃ 정치와 경제

☁ 헌법과 삼권분립

  1947년 시행된 **일본국헌법(日本国憲法)**은 **국민주권, 기본 인권의 존중, 평화주의**의 세 가지를 기본 원칙으로 삼고 있다. 국민주권은 국가의 정치를 결정할 권리가 국민에게 있음을 가리키며, 이를 바탕으로 만 18세 이상의 국민에게는 선거권이 주어지며, 선거에서 선출된 의원이 국민을 대표하여 국가의 정치를 담당한다. 기본 인권의 존중은 국민 누구나 인간답게 살 권리를 가지고 있음을 나타낸다. 평화주의는 제2차 세계대전에서 국내외에 수많은 전사자, 피해자를 낸 것을 반성하며 앞으로 다시는 전쟁을 되풀이하지 않겠다는 각오를 보여준다. **헌법 제9조**에는 **전쟁 포기**와 **육해공군 등의 전력을 가지지 않음**을 규정하고 있다. 최근에는 안보 환경의 변화로 여당을 중심으로 헌법에 자위대를 명기하는 등의 개헌이 논의되고 있으나, 야당에서 격렬히 반대하고 있다.

일본국헌법은 **삼권분립**에 근거해 입법권은 **국회**에서, 행정권은 **내각**(內閣)에서, 사법권은 **재판소**(裁判所 – 법원)에서 분할하고 있다. 일본국헌법은 의회제 민주주의 체제를 선언하고 있으며, 국회는 국가의 유일한 입법기관이자 국가권력의 최고기관으로 정해져 있다. 일본의 국회는 **양원제**(両院制)를 채택하고 있으며, 임기 4년의 **중의원**(衆議院)과 임기 6년의 참의원(參議院)으로 구성된다. 일본은 의원내각제로 정부 수반인 **내각총리대신**(內閣総理大臣)은 국회의원의 선거에 의해 지명된다. 중의원과 참의원에서 과반수를 얻어야 하지만, 양원에서 다른 결과가 나올 경우 중의원의 결정이 우선된다. 내각총리대신은 약칭으로 **총리**(総理) 또는 **수상**(首相)이라고 불린다.

▲ 국회의사당

▲ 국회 중계

내각총리대신은 임기 도중 중의원을 해산시키고 총선거를 실시할 수 있다. 또, 국무 대신을 임명 및 파면하여 내각을 조직할 수 있다. 조직된 내각은 최고재판소 장관(대법원장)에 대한 지명권과 기타 재판관에 대한 임명권을 지닌다. 국회는 내각총리대신 지명 외에 내각 불신임안을 결의할 수 있다. 총리는 내각 불신임안이 가결되면 내각 총사퇴(內閣総辞職) 또는 중의원 해산을 선택해야 한다.

천황(天皇)은 헌법에서 일본국과 일본 국민 통합의 상징으로 규정되어 있다. 천황은 국회의 지명에 따라 총리를 임명하고 내각의 조언과 승인 하에 헌법이 정하는 국사(國事)에 관한 행위만을 수행하며, 국정에 대한 권능은 지니지 않는다.

출처: 위키피디아

▲ 나루히토 천황

중의원과 참의원

	중의원	참의원
정원	465명	248명
임기기간	4년 (총리가 해산시키면 임기중이라도 자격을 잃음)	6년 (절반을 3년에 한 번씩 교체)
피선거권	만 25세 이상의 일본 국민	만 30세 이상의 일본 국민
선거구	비례대표 176명(11구역) 소선거구 289명	비례대표 100명(전국) 선거구 148명

정당

제2차 세계대전 이후 10년 동안 여러 정당이 창당하였지만, 어느 정당에서 정권을 장악해도 오래 가지 못했다. 전환점이 된 것은 1955년, 진보계인 **일본사회당(日本社会党)**의 우파와 좌파가 통합한 것에 대항하여, 보수계인 자유당과 민주당이 통합하여 **자유민주당(自由民主党)**이 창당된 것이다. 자유민주당은 **자민당(自民党)**, 일본 사회당은 **사회당(社会党)**으로 각각의 약칭으로 부르는 것이 일반적이며 이 양대 정당에 의한 정치 체제를 **55년 체제(55年体制)**라고 하며, 자민당과 사회당의 의석수 비율이 2:1 수준이었기 때문에 사실상 자민당 일당 지배 체제가 오래 지속되었다. 당시 세계냉전의 대립구도 속에서 자민당은 경제 성장을 최우선으로 내세워 오랜 기간 국민의 지지를 얻은 반면, 사회당은 구체적인 정책이 부족하여 정권 교체를 달성하지 못했다. 이후 록히드 사건과 리크루트 사건 등 일본 정재계 인사들의 부정행위 사건이 계속되자 집권당인 자민당에 대한 비판 여론이 높아졌고, 1993년 총선 때 자민당은 분열되고 말았다. 그 결과, **비자민(非自民)** 정당에 의한 연립 정권이 탄생했으며 정권 교체가 이루어지면서 55년 체제는 종말을 맞이했다. 얼마 지나지 않아 연립 정권은 붕괴됐고, 자민당은 사회당 등과의 연정(聯政)을 통해 정권에 복귀했다. 그러나 1998년에 창당하여 제1야당으로 성장한 **민주당(民主党)**이 2009년의 총선거에서 압승함으로써 다시 정권 교체가 이루어졌다. 민주당은 수많은 실정과 당내 기반 약화로 2012년 총선에서 대패하여, 최종적으로 다른 당과 흡수, 합당하면서 소멸하게 되었으나, 비자민 정당으로서 최장기간인 3년 3개월 동안 정권을 장악했다. 2012년 12월 이후 자민당은 중도 정당인 **공명당(公明党)**과의 연정을 통해 다시 정권을 운영하고 있다. 자민당과 공명당에 의한 정권을 **자공 연립정권(自公連立政権)**이라 하며, 1999년 10월부터 민주당 정권 3년 3개월을 제외하고는 현재까지 이어지고 있다. 이처럼 일본 정치는 오랫동안 보수 성향의 자민당 지배 체제가 이어졌으므로 정권 교체가 좀처럼 일어나기 어려운 환경이라고 할 수 있다. 최근 공명당의 지지기반인 소카갓카이(創価学会 – 창가학회)의 세력 약화로 자공 연립정권이 흔들리기 시작했으며, 대신 오사카 등 지방 정치에서 당세를 키워 온 **일본유신회(日本維新の会)**가 국정에서 세력을 확대하여 제3당으로 도약했는데, 이 정당도 보수 성향 정당으로 헌법 개정을 적극 추진하는 등 자민당과 가까운 면이 있다.

현재 일본의 정당 (2023년 6월 기준)

*여당

정당명	성향	중의원 의석수	참의원 의석수	국회 의석수
자유민주당(自由民主党)*	보수계, 헌법 개정 추진, 미일동맹 중시	262	120	282
입헌민주당(立憲民主党)	진보계, 구 민주당, 헌법 개정 신중	97	38	135
일본유신회(日本維新の会)	보수계, 지방 정당으로 출발, 헌법 개정 추진, 지방분권	41	21	62
공명당(公明党)*	중도계, 종교단체 소카갓카이가 지지기반, 헌법 개정 신중	32	27	59
일본공산당(日本共産党)	진보계, 공산주의, 헌법 개정 반대	10	11	21
국민민주당(国民民主党)	중도계, 구민주당, 헌법 개정 지지	10	10	20
레이와신센구미(れいわ新選組)	진보계, 소비세 폐지, 원전 폐지, 헌법 개정 반대	3	5	8
사회민주당(社会民主党)	진보계, 구 사회당, 헌법 개정 반대	1	2	3
정치가 여자48당(政治家女子48党)	NHK 의무 수신료 징수제 반대	0	2	2
참정당(参政党)	보수계, 배외주의, 반 이민	0	1	1

선거제도

2015년 공직선거법 개정으로 선거권 연령이 만 20세에서 만 18세로 바뀌면서, 국정 선거의 경우 **만 18세 이상의 일본 국민이 투표할 권리를 가지게 되었다.** 중의원 선거와 참의원 선거는 다른 시기에 선거가 치러진다. **중의원 의원 총선거(衆議院議院総選挙)**는 중의원 의원 임기 만료에 따른 선거, 또는 총리가 중의원을 해산한 경우 치러진다. 임기 만료에 따른 선거는 4년에 한 번 치러지는데, 보통 임기 전에 해산이 이뤄져 선거를 하는 경우가 많다. 한편, 참의원은 해산이 없기 때문에 6년의 임기 만료에 따라 **참의원 의원 통상선거(参議院議院通常選挙)**를 치른다. 참의원은 3년마다 절반을 교체하도록 헌법으로 정해져 있으므로 3년에 한 번 선거가 치러진다. 중의원 의원 총선거는 **소선거구제(小選挙区制)**와 **비례대표제(比例代表制)**를 병용한다. 소선거구제는 한 선거구에서 의원 한 명을 뽑는 선거제도로 일본 전국을 289개 소선거구로 나눈다. 비례대표제는 각 정당의 총 득표수에 비례하여 각 정당에 의석을 배분하는 제도다. 중의원 의원 총선거의 경우 각 정당이 사전 후보자의 등록 순위가 정해진 후보자 명단을 제출한다. 유권자는 정당명으로 투표하며, 정당 득표수에 따라 등록 순위 순으로 당선자가 결정된다. 비례구는 전국을 11개 블록으로 나눠 정당별로 176석을 다툰다. 후보자는 소선거구와 비례구 모두에 입후보할 수 있으며, 소선거구에서 낙선하더라도 등록 순위가 높고 소선거구 득표수가 당선자에 육박하여 석패율이 높을 때 비례구에서 부활, 당선되는 경우가 있다.

참의원 의원 선거의 경우, 선거구제와 비례대표제를 병용하고 있으며, 선거구에서는 148석의 절반인 74석을 전국 45개 선거구로 나누어 다투며, 선거구에 따라 여러 명이 당선되는 선거구도 있다. 비례대표제는 전국에서 100명의 절반인 50석이 선출된다.

한편, 지방선거는 전국의 도도부현(都道府県)과 시구정촌(市区町村)의 지방의회 의원과 지방자치단체장(도도부현 지사나 시장 등)을 뽑는 **통일지방선거(統一地方選挙)**가 4년에 한 번 치러진다.

◀ 일본의 선거운동

⋯▶ 외국인도 선거에 참여할 수 있나요?

　한국에서는 영주권을 가진 외국인이 지방선거에 투표할 수 있다는 것을 알고 있나요? 영주권을 취득한 후 3년이 지난 19세 이상의 외국인이면, 사는 지역의 도지사나 시장, 시의회 의원을 뽑을 수 있습니다. 그럼 일본에서는 어떨까요? 유감스럽게도 일본에서는 아직 외국인의 선거권은 인정받지 못하고 있습니다.

　1995년 최고재판소(대법원) 판결에서 헌법상 모든 외국인에게는 국정선거와 지방선거를 불문하고 참정권이 보장되지 않는다고 판시했습니다. 그러나 판결 이유 중에는 지방선거의 참정권에 대해서는 헌법상 허용된다고 기술되어 있어 논란을 일으켰습니다. 이후 야당인 공산당, 민주당 등으로부터 영주 외국인에게 지방참정권을 부여하는 법안이 여러 차례 제출되었으나, 집권당인 자민당에 의해 부결되어 왔습니다.

　참정권 부여에 긍정적인 사람들은 외국인도 일본인과 똑같이 세금을 내고 있으며, 선거 참여를 통해 국제적으로 열린 상생사회 실현으로 이어질 것이라고 그 타당성을 호소하고 있습니다. 한편, 부정적인 사람들은 일본의 국익과 일본인에게 있어서 불리한 정책이 통과될 가능성이 있다는 점과 외국인에게 점령되는 지역이 발생할 수 있다고 불안감을 토로합니다.

　일본은 저출산 고령화 사회를 맞이하고 있기 때문에 앞으로 많은 외국인 노동자을 수용하게 될 것으로 예상됩니다. 그러므로 영주 외국인의 지방 참정권 문제에 대해서는 더 활발한 논의가 필요할 것으로 보입니다.

🏯 일본의 경제

고도성장기

제2차 세계대전 이후 일본은 모든 물자가 부족한 가운데 극심한 인플레이션을 겪었지만, 한국전쟁 특수(特需)를 거치면서 약 10년 만에 전쟁 전의 경제 규모로 회복되었다. 부흥을 이룬 뒤의 1955년에서 1973년까지가 **고도성장기(高度成長期)**로 불리는 시기로 1960년에는 이케다 하야토(池田隼人) 총리가 10년간 국민 총생산을 2배로 끌어올리는 **소득 배증 계획(所得倍増計画)**을 발표했다. 또한, 1964년에 일본에서는 처음으로 **도쿄 올림픽(東京オリンピック)**이 개최

▲ 1964년 도쿄 올림픽

되었고, 같은 해 세계 최초의 고속 철도인 신칸센(新幹線)이 개통되었다. 1968년에는 도메이(東名) 고속도로(도쿄 – 나고야 간의 고속도로)가 개통되면서 전국적으로 고속도로망이 정비되었다. 그리고 1970년 오사카에서 **일본 만국박람회(日本万国博覧会)**가 개최되는 등 호경기의 기폭제가 되는 이벤트가 계속되면서, 일본은 매년 10% 가까운 고도 경제성장을 달성했다.

◀ 1970년 오사카에서 열린 만국박람회

일본의 공업 생산력이 증가하면서 사람들의 생활은 급격히 풍족해졌다. 가전제품도 가정에 보급되기 시작했는데, 1950년대에 보급된 흑백 텔레비전, 세탁기, 냉장고는 가전제품의 **삼종신기(三種の神器)**로 불렸다. 1960년대에는 컬러 텔레비전, 냉방기, 자동차의 내구소비재가 **신 삼종신기(新·三種の神器)**로 불리며 많이 보급되었다.

고도성장에 따라 수출이 늘어나자 인력 부족 문제가 심각해졌으나, 농촌에 농업기기가 도입되는 등 노동력에 여유가 생겨, 중·고등학교를 졸업한 황금알(金の玉子)이라 불리는 젊은이들이 취직하기 위해 대거 도시로 몰려들었다. 이 고도성장도 1973년 유가 상승에 따른 **석유파동(石油危機)**으로 끝을 맞이했다.

버블경제와 장기불황

석유파동 이후, 일본은 연 4%가 넘는 성장률을 보이는 안정적인 성장기에 접어들었다. 1980년대 초반에는 엔화 약세의 영향으로 자동차와 전자제품을 중심으로 수출이 크게 늘었지만, 많은 무역 흑자 때문에 미국과의 무역 마찰을 일으켰다. 무역 불균형을 해소하기 위해 1985년 선진국들이 모여 달러화 약세를 유도하는 **플라자 합의(プラザ合意)**가 이루어졌다. 이에 따라 엔화 환율이 크게 올랐고, 일본은 일시적으로 엔고 불황(円高不況)에 빠졌다. 해외로 수출, 투자가 어려워지자 일본 은행은 금리를 인하해 대폭 금융 완화를 실시했다. 이에 따라 국내에 유통되는 돈이 크게 늘고 주가와 지가가 급상승해, 80년대 후반부터 90년대 초반까지 유례없는 엄청난 호경기를 맞이했다. 이를 **버블(거품) 경기(バブル景気)**라고 부른다. 그러나 일본 정부는 비정상적인 주가나 지가 상승을 억제하기 위해 단계적으로 금리를 올리고, 1990년부터는 은행에 대해 땅을 사기 위한 대출액을 줄이도록 지도에 나섰다. 이것이 주가와 지가의 대폭락 사태를 불러일으켰고 **버블 붕괴(バブル崩壊)**가 일어났다. 은행에서 자금을 빌린 기업의 상당수가 상환이 어려워졌고, 부실을 안은 은행들의 경영도 악화되었다. 여기서 '잃어버린 20년(失なわれた20年)'이라고 불리는 일본의 장기 불황이 시작된다.

아베노믹스

버블 붕괴 이후 부실 채권 처리에 늦은 일본은 장기불황에서 좀처럼 벗어나지 못하고 있었다. 1990년 이후 대부분의 OECD 회원국은 2% 이상의 실질 경제성장률을 달

성한 반면, 일본의 실질 경제성장률은 평균 1%에도 미치지 못했다. 고등학교와 대학교 졸업자의 취업이 매우 어려워졌으며, 이 시기에 사회로 나간 세대를 **취직 빙하기 세대(就職氷河期世代)**라고 부른다. 더군다나 2008년에는 리먼 사태, 2011년에는 동일본 대지진이 일어나 경제에 더 큰 타격을 주었다. 2009년부터 정권을 장악한 민주당은 처음에는 기대를 모았지만, 불황에서 벗어날 정책을 펴지 못해 국민의 불만이 커져갔다. 그러던 중, 2012년 자민당이 정권을 탈환하고 다시 총리가 된 **아베 신조(安倍晋三)**가 "일본을 되찾겠다"는 캐치프레이즈로 새로운 경제 정책을 내놓았는데, 이를 **아베노믹스(アベノミクス)**라고 부른다.

아베노믹스는 대규모의 금융 완화와 유동적인 재정 정책, 민간 투자를 환기하는 성장 전략이라는 세 가지 정책적 목표를 내세웠다. 아베노믹스로 주가 대폭 상승과 엔화 강세 시정이 진행되면서 경기는 어느 정도 회복되었지만, 두 차례의 소비세(消費稅)

▲ 아베 신조 전 총리

인상으로 인하여 경기가 위축되면서 디플레이션에서 벗어나지는 못했다. 그러나 실업률이 개선되었고 신규 졸업자의 취업률이 높아지면서, 아베노믹스는 일정한 성과를 거둔 것으로 평가되고 있다. 아베 신조는 2006년에도 한 번 총리가 된 적이 있어, 통상 8년 8개월의 재임 기간으로 역대 최장 총리가 되었다.

⋯▸ 버블기의 일본은 어떤 시대였을까?

버블 경기 때(1986년부터 1991년까지)의 일본은 가장 풍요롭고 화려한 시기로 알려져 있습니다. 여기서 버블기를 겪은 사람들의 추억을 소개하겠습니다(마이내비 뉴스, 2017/4/18). 아마 지금 시대에서는 상상도 못할 일이 많을 겁니다.

① 출근은 물론, 어디를 가나 택시를 타고 매일 1만엔(≒10만원) 이상 택시비로 썼다.

② 회사의 접대비를 무제한으로 사용하고, 택시비도 무제한으로 사용할 수 있었다.

③ 보너스가 연 4회 있었다. (현재 일본에서는 보통 연 2회).

④ 회사를 방문만 해도 채용됐다.

⑤ 해외여행을 연 10번 갔다.

⑥ 아내는 매일 주식으로 몇 십만엔을 벌었고, 나는 가업으로 번 돈이 넘쳐나 매일 밤 클럽에 다녔다.

⑦ 친구가 1억 엔짜리 아파트를 구입했는데, 다음날 그 집을 3억엔에 사고 싶다는 사람이 나타났다.

⑧ 길거리에 돈이 떨어져 있는 것을 자주 봤다.

이렇게 실컷 부를 누렸으니, 버블 붕괴 후의 고통 역시 이만저만이 아니었을 것입니다. 다시 버블기의 경기가 되살아나 사람들이 자유롭게 부를 누리며 살 수 있는 날이 올지는 앞으로의 나라 경영에 달려 있습니다.

일본의 기업과 기업인

제2차 세계대전 패전 후 일본의 부흥을 견인한 것은 기업과 기업인이다. 그들의 도전 정신과 성공은 전후 황폐해진 일본에서 빛을 발했고, 세계에서 손꼽히는 경제대국으로 끌어올린 그들의 공헌은 지금도 높이 평가받고 있다.

마쓰시타 고노스케(松下幸之助): 파나소닉(パナソニック) 창업자

1918년에 마쓰시타 전기기구 제작소를 창업하여, 전기 다리미와 자전거용 전지 램프 제조에서 대성공을 거뒀다. 패전 후에는 가전기기 외 부품이나 주택기기 등 분야에도 진출했다. 대량 생산으로 인한 비용 절감에 성공, 판매망을 확충하면서 기업을 크게 성장시켰다. 이후 마쓰시타 전기에서 파나소닉으로 회사명을 변경했고, 브랜드명도 'National'에서 'Panasonic'으로 이행했다. '경영의 신(経営の神様)'이라고 불렸으며, 말년 마쓰시타 정경숙(松下政経塾)이라는 국가 지도자를 양성하는 교육기관을 설립, 차세대 정치인이나 재계인 등의 육성에도 힘을 쏟았다.

▲ '경영의 신' 마쓰시타 코노스케
(파나소닉 창업자)

◀ 파나소닉 로고

혼다 소이치로(本田宗一郎): 혼다(ホンダ) 창업자

패전 후 혼다 기연공업을 창업하여 오토바이 제조를 시작했으며, 오토바이로는 일본 국내에서는 물론 세계에서도 정상에 오르는 회사로 성장시켰다. 이후 자동차 제조에도 진출했으며, 오토바이 국제 레이스와 F1 레이스에도 적극 참가해 몇 차례 우승을 거두었다. 혼다 소이치로는 당대 혼다를 세계적 오토바이·자동차 회사로 성장시킨 일본의 대표적 기업인이지만, "회사는 가문의 것이 아니다"라며 세습을 거부하여, 자식이나 친족을 혼다에 입사시키지 않았다.

출처: 위키피디아

▲ 혼다 소이치로

◀ 혼다의 오토바이

야마우치 히로시(山内博): 게임기로 닌텐도(任天堂)를 세계적 기업으로

1889년에 창업한 교토의 노포 완구 메이커였던 닌텐도를, 전자 게임기 개발로 1980년대 아이들의 놀이 방식을 바꾼 기업으로 키워낸 기업인이다. 1949년, 불과 22세 나이로 사장에 취임한 그는 세계 최초로 플라스틱제 트럼프 카드를 제조·판매하여 성공을 거두었다. 1980년에 들어서자 휴대형 게임기인 게임&워치와 가정용 컴퓨터 게임기인 패밀리 컴퓨터를 개발·판매, 전자 게임기 붐의 효시가 되었다. 패밀리 컴퓨터는 세계적으로도 큰 매출을 기록했고, 이후 닌텐도3DS, Wii, 닌텐도 스위치 등의 게임기를 출시, 게임업계내 닌텐도의 세계적 위상을 확립시켰다.

출처: 위키피디아

▲ 야마우치 히로시

◀ 닌텐도 로고

[참고문헌]

マイナビニュース (마이내비 뉴스), https://news.mynavi.jp/article/20170418-a178/

Ⅱ 학교와 직장

☁ 교육제도

    일본의 교육제도는 초등학교(小学校) 6년, 중학교(中学校) 3년, 고등학교(高等学校) 3년, 대학교(大学) 4년의 6·3·3·4제로 한국과 같다. **의무교육(義務教育)** 또한 초등학교와 중학교를 합한 9년으로 한국과 같으며, 중고일관교를 제외하고는 입시를 거쳐 고등학교에 진학하는 것이 일반적이다.

    일본의 학교는 **4월에 입학식, 3월에 졸업식이 행해지며, 4월을 기점으로 새 학년으로 진급한다.** 일본의 학교는 1년 동안 봄방학, 여름방학, 겨울방학 등 3번의 긴 방학이 있다. 고등학교까지의 학기 시스템은 **3학기제(3学期制)**와 **2학기제(2学期制)**가 있으며, 각 자치체나 학교마다 학기제가 다르다. 전통적인 방식인 3학기제는 여름방학과 겨울방학, 그리고 봄방학을 분기로 4월부터 7월, 9월부터 12월, 1월부터 3월의 3개 학기로 나뉜다. 새로운 방식인 2학기제는 4월부터 10월 초까지의 전기와 10월 중순부터 3월까지의 후기로 나뉜다. 10월에 1주일 가량의 짧은 가을방학을 사이에 두어 학기를 구분하며, 다른 방학은 3학기제와 같다. 대학교는 일반적으로 4월부터 9월까지의 전기와 10월부터 3월까지의 후기로 나뉘는 2학기제를 사용하며, 긴 방학으로 7~9월에 여름방학, 2~3월에 봄방학이 있다. 단, 후기에는 연말연시, 설날 연휴에 2주 가량의 겨울방학이 있다. 또한, 최근에는 4학기제로 이행한 대학교도 늘고 있다.

일본의 학교는 국립학교와 도도부현(都道府県) 시구정촌(市区町村) 등 각 자치체가 운영하는 공립학교(公立学校), 개인이나 민간단체가 운영하는 사립학교(私立学校)가 있다. 사립학교는 교육 방침과 교풍이 자유로운 반면, 공비로 운영되는 국공립학교에 비해 학비가 비싼 것으로 알려져 있다. 2018년 **문부과학성(文部科学省 – 교육 · 문화 · 과학기술 등을 장관하는 중앙행정기관)** 조사에 따르면, 공립 초등학교는 급식비 등을 포함한 학비가 연간 약 32만엔인 데 비해, 사립 초등학교의 학비는 연간 약 160만엔으로 약 5배의 차이가 나는 것으로 나타났다.

초등학교와 중학교

일본 공립 초등학교와 중학교의 시간표를 보면, 한 교시 수업시간을 45~50분으로, 아침 **홈룸(ホームルーム)**부터 시작하며 수업은 오전에 4교시, 오후에 2교시를 실시하고 마무리 홈룸으로 끝나는 것이 일반적이다. 보통 아침 홈룸은 '아침 모임(朝の会 – 조례)', 마무리 홈룸은 '귀가의 모임(帰りの会 – 종례)'라고 불린다.

▲ 일본 초등학교의 홈룸

초등학교 과목은 문부과학성의 학습지도요항에 따라 산수, 국어, 이과(과학), 사회, 음악, 체육, 도화공작(미술), 가정, 도덕 등이 있다. 영어는 한국보다 14년 늦은 2011년부터 5 · 6학년의 필수 과목으로 도입되었으며, 2020년부터는 3학년 이후의 필수 교과가 되었다. 중학교에서는 영어, 수학, 국어, 이과(과학), 사회, 음악, 보건체육, 미술, 기술/가정 등의 교과목이 있으며, 이 중 영어, 수학, 국어, 이과, 사회의 주요 다섯 개 과목을 **5교과(五教科)**라고 하며, 공립 고등학교 입시 과목으로 설정되어 있다.

일본, 한국, 중국, 대만의 영어교육 도입 시기

	일본	한국	중국	대만
도입시기	2011년	1997년	2001년	2001년
개시학년	5학년~	3학년~	1학년~	1학년~
수업시수	주 1회	3, 4년 : 주 1회 5, 6년 : 주 2회	주 4회 이상	주 2회

공립 초중학교에서는 점심시간에 보통 **급식(給食)**을 먹는다. 급식은 급식실에서 가져와 교실에서 다 함께 먹는 것이 일반적이다. 급식 당번인 학생이 급식을 그릇에 담아준다. 그리고 청소 시간은 따로 정해져 있으며, 학생들이 다같이 청소를 한다. 청소 시간은 종례 홈룸 전후에 있는 것이 일반적이다.

◀ 학교 급식

◀ 초등학교의 청소 시간

고등학교

일본의 고등학교 진학률은 고도성장기를 거쳐 크게 높아졌다. 1958년도에 53.7%이었으나, 1974년에 처음으로 90%를 넘었으며, 2020년도에 98.8%를 기록했다. 고등학교는 낮에 수업을 하는 **전일제(全日制)**와 직장인들이 저녁에 등교하여 학습하는 **정시제(定時制)**, 등교하지 않고 자택이나 학습센터 등에서 온라인 교육을 받는 **통신제(通信制)**로 나눌 수 있으며, 거의 대부분의 고등학생은 전일제 고등학교를 다닌다. 정시제는 중학교를 졸업하고 바로 취업하는 사람이 감소하면서 학생 수도 함께 감소하여, 통폐합이 진행되고 있다. 통신제의 경우, 전일제 고등학교에 적응하지 못하고 자퇴하는 학생이 늘어나면서 정시제와는 반대로 그 수요가 높아지고 있다.

일본의 전일제 고등학교 수업시간은 학교에 따라 다르지만, 보통 1교시당 50분으로 오전에 4교시, 오후에 2교시 내지 3교시를 실시하며, 오후 4시 반쯤에는 수업이 끝난다. 고등학교의 교과목은 초중학교에 비해 더 세분화되어 있다. 예를 들어 국어는 현대, 고전(고문, 한문), 사회는 세계사, 일본사, 지리, 정치경제, 영어는 영어 표현, 커뮤니케이션 영어, 수학은 수학 I~III, 수학 A~B, 수학 활용, 이과(과학)는 화학, 물리, 생물, 지학 등으로 나뉜다.

고등학교의 학과는 중학교 5개 교과의 심화 교육을 중심으로 보통교육을 하는 **보통과(普通科)**와 전문분야를 교육하는 **전문학과(専門学科)**로 나뉜다. 보통과에서는 일반적인 교과목을 골고루 공부하며 전문학과에 비해 대학 진학을 목표로 하는 학생이 많다. 전문학과는 공업, 상업, 농업 등 직업 훈련을 위한 전문교육을 하는 직업 전문학과

▲ 보통과 고등학교 수업 풍경

와 이수(이과와 수학), 영어, 미술 등 특정 과목에 특화된 교육을 전문으로 하는 기타 전문학과가 있다.

또한 중학교 졸업자가 진학하는 5년제 고등전문학교(高等専門学校)라는 것이 있는데, 공업이나 과학기술 등 직업 훈련을 위한 전문학과를 더 깊게 공부할 수 있다. 졸업하면 준학사 자격이 주어지며 대학교 3학년부터의 편입도 가능하다.

클럽활동

초등학교에서는 4학년 이상을 대상으로 수업의 일환인 **클럽 활동(クラブ活動)**이 있다. 농구, 탁구, 배드민턴, 댄스, 컴퓨터, 과학, 요리, 일러스트 등이 있으며, 한 달에 한두 번 정도 활동한다.

중고등학교에서는 학생들이 매일 방과후에 자발적·자주적으로 활동하는 **부활동(部活動)**이 있으며, 줄여서 **부카쓰(部活)**라고 한다. 부카쓰는 스포츠를 하는 **운동부(運動部)**와 문화나 학문과 관련된 **문화부(文化部)**로 나뉜다. 운동부에는 야구, 축구, 배구, 테니스, 유도, 검도, 수영, 육상, 체조 등이 있고, 문화부에는 취주악, 합창, 연극, 미술, 문예, 신문, 방송, 생물, 천문 등이 있다.

◀ 야구부

대부분의 운동부와 일부 문화부의 경우, 전국대회가 정기적으로 있고 그 예선도 각 자치체에서 개최한다. 이러한 부카쓰를 하는 학생들은 대회에서 이기기 위해 매일 열심히 연습하며, 방과후뿐만 아니라 아침 일찍 학교에 나와 수업 전에도 연습을 하는데, 이를 **아사렌(朝練 – 아침 연습)**이라고 부른다.

부카쓰 가입률은 수험 준비로 부카쓰를 그만두는 3학년을 제외하고, 중학생의 경우 약 90%, 고등학생의 경우 60~70% 정도가 된다. 부카쓰를 하지 않는 학생은 방과후에 바로 집에 가기 때문에 **귀가부(帰宅部)**라고 불리기도 한다. 참고로 일본의 고등학교는 한국과 같은 야간자율학습이 없으며, 부카쓰를 하지 않는 학생 중에는 방과후에 학원을 다니거나 아르바이트를 하는 학생도 있다.

학교 관련 문제

일본의 교육 현장에서는 여러가지 문제가 발생하고 있으며 대표적 문제 중 하나가 **이지메(いじめ)** 문제다. 이지메는 특정 대상에게 신체적인 고통을 주거나 따돌림, 무시, 상대가 싫어하는 행동을 하는 등 심리적 피해를 주는 것이다. 문부과학성에 따르면 초중고 내에서 발생한 이지메 사건은 2021년에 615,351건이 확인된 바 있으며 해마다 늘어나고 있는 추세다.

구분	2013	2014	2015	2016	2017	2018	2019	2020	2021
초등학교	118,748	122,734	151,692	237,256	317,121	425,844	484,545	420,897	500,562
중학교	55,248	52,971	59,502	71,309	80,424	97,704	106,524	80,877	97,937
고등학교	11,039	11,404	12,664	12,874	14,789	17,709	18,352	13,126	14,157
특별지원교육제학교	768	963	1,274	1,704	2,044	2,675	3,075	2,263	2,695
전체	185,803	188,072	225,132	323,143	414,378	543,932	612,496	517,163	615,351

▲ 이지메 인지 건수의 추이(문부과학성/2021)

부등교(不登校 – 등교거부)란 장기간 학교에 가지 않는 상태를 말하며, 문부과학성의 정의에 따르면 질병이나 경제적 사유 없이 연간 30일 이상 결석하는 것을 의미한다. 2018년 문부과학성의 조사에 따르면 의무교육인 초중학교에서 부등교 상태인 학생이 164,528명에 달하는 것으로 나타났다. 요컨대 100명 중 1~2명은 등교를 하지 않는 상황이다. 학생 스스로 학습 기회를 포기하는 부등교는 최근 급격히 늘고 있으며, 심각한 교육 문제 중 하나다.

교육격차(教育格差)란 부모의 경제 상황이나 출신지역 등 집안의 배경에 따라 학생이 받을 수 있는 교육에 격차가 생기는 현상이다. 2020년 유니세프 보고서에 따르면 일본 어린이의 18% 가량이 빈곤한 것으로 나타났다. 근래에는 아이 한 명 당 드는 사교육비가 계속 증가하고 있는 가운데, 가정환경으로 인해 제대로 교육을 받지 못하여 진학을 포기하거나, 급식비를 제대로 못 내는 학생도 있다고 한다.

학급붕괴(学級崩壊 – 교실붕괴)는 초등학교에서 학생들이 수업 중 교실에서 돌아다니거나 수다를 떨면서 교사의 지시에 따르지 않는 등 정상적인 학습 활동을 할 수 없는 상황이 일정 기간 지속되는 경우를 말한다.

상기 문제 외에도 1992년도부터 초중학교에서 단계적으로 실시된 **유토리 교육(ゆとり教育)** 문제도 큰 화제가 되었다. 유토리 교육이란 부등교 문제와 학생에게 치열한 경쟁을 부추기는 입시전쟁 문제를 해결하기 위해 학습시간을 줄이고 여유롭게 교육받을 수 있도록 한 것이다. 2002년도부터 본격적으로 도입되자, 연간 수업 시간은 70시간 가량 감소했고 성적 평가도 상대평가에서 절대평가로 바뀌었다. 한편, 학생들의 학력 저하, 경쟁심 저하 그리고 유토리 교육으로 인해 생긴 빈 시간에 사교육을 받지 못하는 빈곤층 자녀과 부유층 자녀의 학력 격차가 벌어졌다는 점이 문제로 제기되었다. 정부는 방침을 바꿔 수업시간을 늘리도록 학습지도요항을 개정, 2011년부터 시행하였다. 2002년부터 2011년까지의 학습시간이 줄어든 기간에 교육을 받은 사람들은 **유토리 세대(ゆとり世代)**라고 하는데 소극적이고 도전 정신이 결여되어 있으며 쉽게 좌절하며 개인주의적인 경향이 있다는 지적을 받고 있다. 반면, 이지적이고 주어진 일에는 성실하게 임하며 창의력이 풍부하다는 분석도 있다.

···▸ 블랙 교칙

교칙은 학생이 준수해야 할 학습상, 생활상의 규율을 말하지만, 교칙 중에는 상식적으로 생각했을 때 매우 이상한 것도 있습니다. 그러한 이상한 교칙들 중 매우 황당한 것들을 블랙 교칙 (ブラック校則)이라고 부릅니다.

① 카디건과 코트, 목도리, 스타킹 착용 금지.
② 자전거 헬멧은 깨져도 졸업할 때까지 같은 것을 써야 한다.
③ 하교 시 도서관과 문방구점 이외에 들르면 안 된다.
④ 머리카락을 자를 때는 교사의 허락을 받아야 한다.
⑤ 목적 없이 복도를 걸으면 안 된다.
⑥ 부활동 시 물을 마시면 안 된다.
⑦ 애인이 생기면 학교에 보고해야 한다.
⑧ 남녀교제를 할 때는 6자 면담을 해야 한다.

블랙 교칙 중 웃고 넘어갈 수 있는 것도 있지만, 학생의 건강과 안전을 오히려 해칠 수도 있는 교칙도 있어 문제시되고 있습니다. 요즘은 학교 교칙을 공개하여 교직원이 알아차리지 못한 블랙 교칙이 있는지 외부인의 관점에서 점검 받고자 하는 학교도 있다고 합니다.

☁ 대학

　고등학교를 졸업한 학생들은 기업이나 관공서에 취직하거나, 4년제 **대학(大学)** 혹은 2년제 **단기대학(短大)**이나 **전문학교(専門学校)**에 진학하는 등 진로가 나뉜다. 1960년대 이전에는 4년제 대학 진학률이 10%도 안 되었지만, 고도 경제성장기를 거치면서 진학률이 높아졌다. 2022년도 문부과학성 조사에 따르면, 4년제 대학 진학률은 56.6%, 단기대학까지 합치면 60.4%로 사상 최고치를 기록했다. 이 배경에는 최근 대졸 취업률이 양호하고, 과거에 비해 대학 수의 증가로 입학하기가 쉬워졌다는 점이 있다. 실제로 2022년 현재 4년제 대학 수는 **국립대학(国立大学)** 86개, 지방자치체가 운영하는 **공립대학(公立大学)** 101개, **사립대학(私立大学)** 620개로 전국 총 807개가 있다. 단기대학은 전국에 309개 있으며, 4년제 대학과 합치면 1,100개가 넘는다. 한국의 2022년 현재 4년제 대학 수가 211개, 전문대 수가 139개인 것을 보면 일본의 대학 수는 한국의 3배 이상이다.

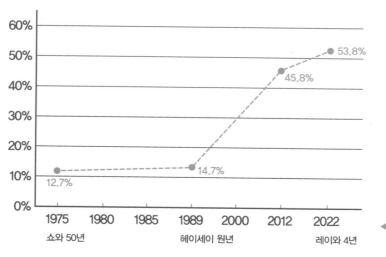

◀ 대학 진학률 추이(여성)
(문부과학성/2023)

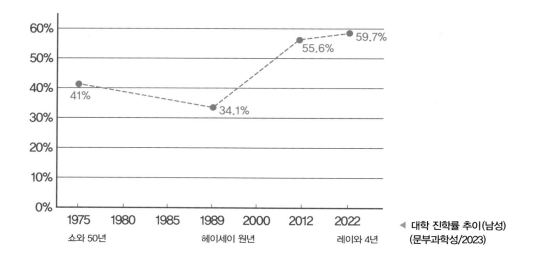

◀ 대학 진학률 추이(남성)
(문부과학성/2023)

구분	1970	1980	1990	2000	2010	2020
사립단대	414	432	498	497	369	306
공립단대	43	50	54	55	26	17
국립단대	22	35	41	20	0	0
사립대학	274	319	372	478	597	615
공립대학	33	34	39	72	95	94
국립대학	75	93	96	99	86	86
총 설립수	861	963	1,100	1,221	1,173	1,118

▲ 대학 및 단기대학 수의 추이(문부과학성/2023)

대학 입시 제도

일본의 대학 입시는 대학마다 전형 방법이 다르지만, 크게 **일반입시(一般入試)**와 **추천입시(推薦入試)**로 구분된다.

일반입시의 경우, 국공립대학은 1차 시험인 대학 입시 **공통테스트(共通テスト)**와 대학별로 실시하는 2차시험으로 구성된다. 공통테스트는 한국의 수능과 비슷한 시험으로, 2020년까지는 **센터시험(センター試験)**이라고 했다. 공통테스트 출제 교과목은 국어, 지리·역사, 공민(윤리와 현대사회), 수학, 이과(과학), 외국어 등 6개 교과, 30개 과목으로 구성되어 있다. 수험생은 지망 대학이 지정하는 교과, 과목을 선택하고 응시하게 된다. 공통테스트는 1월 중순 토요일과 일요일 이틀간 실시된다. 사립대는 공통테스트 성적을 활용하는 경우와, 대학 자체 시험만으로 전형하는 경우가 있다. 사립대학의 응시과목은 공통테스트보다 적은 것이 일반적이며, **문과(文系)**의 경우 영어, 국어, 사회(지리, 일본사, 세계사, 윤리 등 중에서 선택)에서 2~4과목, **이과(理系)**의 경우 영어, 수학, 이과(과학 : 물리, 화학, 생물 등 중에서 선택)의 2~4과목에서 출제되는 경우가 많다. 그러므로 사립대 문과만을 지망하는 경우에는 수학과 과학 과목을 아예 공부하지 않는 학생이 대부분이다. 마찬가지로 사립대 이과만을 지망하는 경우에도 국어와 사회 과목을 공부하지 않아도 입시에 대비할 수 있다.

추천입시는 **학교추천형 선발(学校推薦型選抜)**과 AO입시(AO入試)라고 불리는 **종합형 선발(総合型選抜)** 두 종류로 구분된다. 학교추천형 선발은 학업 성적이나 스포츠, 문화활동 등 추천 기준을 충족하는 학생을 학교장이 대학에 추천하는 방식이며, 희망대학 응시제도이다. 종합형 선발은 서류심사와 면접 등을 결합하여, 입학 지원자의 능력이나 적성을 종합적으로 판단하는 방식이다. 이 경우 추천서 없이도 지원할 수 있다. 일반입시는 1~3월에 실시되고 추천입시는 11~12월에 실시된다.

학생이 지망 대학과 학부를 선택할 때 참고할 수 있도록 입시 난이도를 나타내는 지표로 **편차치(偏差値)**가 사용된다. 편차치란 50을 평균치로 설정하고 모든 응시자의 점수와 자신의 점수를 비교함으로써 자신이 어느 정도의 위치에 있는지 측정할 수 있는 것을 말한다. 이 수치가 높을수록 성적이 좋다고 판단할 수 있으며 편차치가 높은 수험생들이 많이 응시할수록 그 대학이나 학부의 입시 난이도가 높아진다.

대학생활

신입생들은 대학 캠퍼스에서 각종 **동아리(サークル)**나 **동호회(同好会)** 가입 권유를 받고 신입생 환영회를 비롯한 다양한 **콤파(コンパ − 친목회)**를 경험하게 된다. 강의는 1교시당 90분 동안 진행되는 것이 일반적이며, 1학년 때는 교양과목을 중심으로 2학년부터는 전공 수업을 중심으로 수강하게 된다. 3학년부터는 **제미(ゼミ − 세미나)**라는 수업이 시작된다. 제미란 강의실 수업과 달리 10명 내외에서 많아도 20명 정도의 소집단으로 구성되며, 담당교수의 지도를 받아 특정 연구 주제에 대해 공부하고 발표, 토론 등을 하는 수업을 말한다. 그 수업을 통해 자신의 연구 주제를 설정하고 **졸업논문(卒業論文 / 卒論)**을 준비한다.

또 보통 3학년이 되면, 취업을 위한 정보 수집, 지원서 작성, 면접 연습 등 **취직활동(就職活動) − 취업 준비)**을 시작한다. 취직활동은 줄여서 **슈카쓰(就活)**라고 부른다. 슈카쓰는 우선 3학년 5월경부터 자기분석과 기업연구를 시작하고, 기회가 되면 각 기업에서 실시하는 **인턴십**에 참가해 자신의 적성과 기업에 대한 이해를 높인다. 일본에서는 지망 기업에 입사한 선배에게 직접 연락하여 정보를 얻는 활동이 있는데 이를 OB · OG방문(OB · OG 訪問) 이라고 한다.

전형에 관한 정보나 기업 설명회 정보를 얻기 위해 채용 정보 사이트나 기업의 홈페이지에 등록하는 것을 **기업 엔트리(企業エントリー)**라고 하며, 시기는 4학년이 되는 해 3월부터 정해져 있다. 단, 언론사나 외국계 기업은 3학년 10월경부터 설명회와 전형을 시작하는 추세여서 보다 빠른 준비가 필요하다.

보통 4학년 6월부터 면접 등 전형이 시작되고 잘되면 취업 **내정(内定)**을 받게 된다. 내정을 받아들이면, 해당 기업에 대학 졸업 후 4월에 입사하게 된다. 졸업을 앞둔 4학년 학생들은 대학 생활의 마지막 추억으로 친한 친구와 함께 국내외로 **졸업여행(卒業旅行)**을 많이 떠난다.

▲ 기업 면접

⋯⋯ 일본의 스카이(SKY)는?

'스카이(SKY)' 하면 서울대, 고려대, 연세대의 영문 표기 앞 글자를 모은 것으로 한국 최고의 명문대임을 의미하죠. 일본에서도 명문대나 유명 대학 그룹을 특정 명칭으로 부르는 경우가 많습니다.

예를 들어 '구제대(旧帝大)'는 제2차 세계대전 이전에 '제국대학(帝国大学)'으로서 일본 각지에 설립된 유서 깊은 대학이며, 현재 홋카이도대학(北海道大学), 도호쿠대학(東北大学), 도쿄대학(東京大学), 나고야대학(名古屋大学), 교토대학(京都大学), 오사카대학(大阪大学), 규슈대학(九州大学)

▲ 구제대 도쿄대학

의 7개의 국립대학을 가리킵니다. 이 대학들은 최상위권 명문대이자 각 지역의 거점 국립대학입니다. 이 중 도쿄대는 일본 최고의 대학으로 알려져 있으며, 교토대는 도쿄대 못지않은 전통과 교육·연구력을 지닌 대학입니다.

또한 '소케이(早慶)'는 도쿄에 있는 명문 사립대인 와세다대학(早稲田大学)과 게이오대학(慶応義塾大学)을 가리킵니다. '소케이'는 1800년대 후반 창립하여 1920년 2월 일본에서 최초로 설립된 사립대로 유명합니다. 두 대학은 라이벌 관계이기도 해서 야구나 럭비 등 스포츠 경기에서 맞붙게 되

▲ 와세다대학

면 '소케이전(早慶戦)'이라는 이름으로 이목이 집중됩니다. 졸업생들 간의 학연도 견고해서 정계나 재계에도 지대한 영향력을 가집니다.

☁ 직장

노동환경

지식이나 기술을 가진 사람을 채용하는 능력 위주의 서양 노동사회와 달리, 일본에서는 졸업생을 일괄 채용하여 장기간 교육시키면서 안정적으로 기업의 노동 생산성을 높이는 일본형 고용시스템이 기능해 왔다. 이 시스템은 정년까지 고용이 보장되는 **종신고용(終身雇用)** 제도와 근속연수가 길수록 급여와 직위가 오르는 **연공서열(年功序列)** 제도가 바탕에 깔려 있다.

일본형 고용 시스템은 안정적으로 청년층의 노동력을 확보할 수 있을 뿐만 아니라, 직원의 회사에 대한 귀속 의식이나 충성심을 높임으로써, 장기적으로 보다 안정적으로 회사를 경영할 수 있다는 장점이 있다. 이것이 1960년대 이후 고도 경제성장기 일본 사회를 지탱하는 역할을 해 왔다는 측면도 있다.

그러나 1990년대 초 버블 붕괴 이후, 오랜 불황을 겪은 일본은 서양과 같은 성과주의를 채택하는 기업이 늘어나면서 일본식 노동환경은 무너지기 시작했다. 종신고용은 보장받지 못하고 성과를 내기 위한 압박감이 심해지면서 노동시간의 장시간화와 저임금화가 진행되었다.

또한 글로벌 경쟁에 노출돼 기업 성장이 정체되는 가운데, 값싼 노동력에 대한 수요가 높아지고 노동규제 완화와 맞물려 **비정규직(非正規雇用)** 근로자가 증가했다. 비정규직에는 **아르바이트(アルバイト)**, **파트타이머(パートタイマー)**, **파견직(派遣社員)**, **계약직(契約社員)** 등이 있다. 비정규직은 정규직과 비교해 급여가 낮으며 상여금이나 퇴직금, 각종 수당들이 없는 경우가 대부분이다. 또 고용이 불안정하고 능력 개발 기회가 부족하며, 기업 내 승진이 없는 등 정규직과의 격차가 사회적으로 문제시되고 있다. 한편, 저출산 현상에 따른 노동인구 부족 문제로 주부나 고령자의 재고용이 촉진되고 있다. 중도 고용된 근로자 중에는 회사에 오랜 시간 구속되지 않는 것을 원하는 경우도 많으며, 국민들의 강한 반발 속에서도 비정규직 고용의 흐름은 여전히 지속되고 있는 상황이다.

구분	1984	1994	1999	2004	2009	2019	2020	2021	2022
비정규직	604만	971만	1,225만	1,564만	1,727만	2,173만	2,100만	2,075만	2,101만
정규직	3,333만	3,805만	3,688만	3,410만	3,395만	3,515만	3,556만	3,587만	3,588만
비정규직 비율	15.3%	20.3%	24.9%	31.4%	33.7%	38.3%	37.2%	36.7%	36.9%
전체 노동자 수(명)	3,936만	4,776만	4,913만	4,975만	5,124만	5,688만	5,655만	5,662만	5,689만

▲ 정규직 노동자와 비정규직 노동자의 추이(총무성 통계국/2023)

노동 관련 문제

90년대 초 버블 붕괴 이후, 잃어버린 20년이라는 긴 경기 침체 시기를 거쳐, 최근 몇 년간 실업률은 개선되고 경기는 회복세에 있는 것으로 보도되고 있다. 그러나 피고용자의 월급은 오르지 않고 비정규직은 계속 늘어나고 있다. 또 과로사나 갑질, 잔업수당 체불 등 일본의 노동환경은 오히려 악화되고 있는 것이 아니냐는 목소리도 나오고 있다.

장시간 노동

일본 노동환경의 큰 문제는 장시간 노동이 보편화되어 있다는 점이다. 법률상의 상한선을 넘어 심할 때는 하루 12시간 이상 근무하고, 휴일도 일주일에 한 번 있을까 말까 하는, 열악한 근로환경에서 노동을 강요당하는 경우도 있다. 과로로 인해 죽음에 이르는 **과로사(過労死)**의 원인으로 관련성이 높다고 판단되는 수치인 월 80시간 이상, 심하면 100시간 이상 잔업을 시키는 기업도 있다고 한다. 심지어 야간근무나 휴일 근무를 시키면서 근무기록은 남기지 않도록 해 작업수당을 지불하지 않는 등 이른바 **서비스 잔업(サービス残業)**을 강요하는 기업 또한 적지 않은 것으로 알려졌다. 이처럼 피고용인를 열악한 노동환경으로 내모는 기업을 **블랙기업(ブラックき業)**이라고 하며 사회적 문제가 되고 있다.

파와하라

파와하라(パワハラ－갑질, 직장 내 괴롭힘)는 파워 하라스멘트パワーハラスメント(power harassment)의 준말로 직위나 인간관계 등 직장 내 우위성을 이용하여 상대방에게 정신적·신체적 고통을 주는 행위를 말한다. 업무를 과도하게 강요하거나 반대로 업무를 주지 않는 행위도 해당된다. 피해자의 건강을 악화시키거나 때로는 퇴직이나 자살로 내모는 경우도 있다. 개인에 대한 피해는 물론, 파와하라로 인하여 직장 내 노동환경이 악화되거나 생산성이 저하되고, 기업의 가치까지 떨어지기도 한다. 파와하라 건수는 해마다 늘고 있으며, 노동국에 접수되는 상담 중 가장 많은 것으로 나타났다. 현재 파와하라를 규제하는 법률은 없지만, 피해 상황에 대해 가해자나 회사를 상대로 손해배상 소송을 하는 사안이 늘고 있다. 또한, 파와하라와 세크하라(セクハラ－성희롱·성폭력)에 대한 대책 마련이 모든 사업주에게 의무화되고 있다.

외국인 노동자

일본에서는 저출산과 고령화로 인한 인력 부족으로 많은 기업이 직원을 구하는 데 어려움을 겪고 있다. 그 대책 중 하나로 **외국인 노동자(外国人労働者)**를 수용하는 방향의 정책이 진행되고 있다. 의료, 복지, 노동 등을 관리하는 행정기관인 후생노동성(厚生労働省)의 「외국인 고용 상황」의 신고 현황에 따르면, 2022년 10월 말 현재 일본 내 체류하는 외국인 노동자 수는 약 182만명으로 역대 최고 기록을 갱신했다.

한편, 외국인 노동자에 대해 저임금으로 고용할 수 있고 열악한 환경에서도 일할 수 있는 노동력으로 생각하는 기업이 적지 않다. '외국인 기능실습제도'라는 개발도상국 출신 근로자를 모집하여 일정 기간 일본에서 기술과 지식을 배우게 하는 제도가 있는데, 일부 기업에서 이를 악용하여 근로환경이 열악한 직장에서 장시간 저임금으로 일하게 하는 사례가 있어 국제적으로 문제가 제기된 바 있다. 또, 취업 비자로 입국한 외국인이 실종되는 일이 자주 발생하고, 이로 인한 불법체류 외국인의 증가도 사회적 문제가 되고 있다.

[참고문헌]

「平成30年度子供の学習費調査の結果について (2019년도 아동 학습비 조사 결과에 대하여)」 文部科学省, 2020.

「高等学校教育の現状について (고등학교 교육의 현황에 대하여)」 文部科学省, 2020.

「いじめの状況及び文部科学省の取組について (이지메의 현황 및 문부과학성의 대처에 대하여)」 文部科学省, 2022.

「学校基本調査−結果の概要 (학교 기본조사 − 결과의 개요)」 文部科学省, 2022.

「労働力調査 (노동력 조사)」 総務省統計局, 2023.

文部科学省 (문부과학성) 사이트, https://www.mext.go.jp/index.htm

厚生労働省 (후생노동성) 사이트, https://www.mhlw.go.jp/stf/newpage_30367.html

weblio 学校向けオンライン英会話 (학교용 온라인 영어회화) 사이트,
https://eikaiwa.weblio.jp/school/information/education/elementary_school_english_education/

全国教育問題協議会 (전국 교육 문제 협의회) 사이트,
https://www.zenkyokyo.net/%E3%81%84%E3%81%98%E3%82%81%E5%95%8F%E9%A1%8C/1928

ブラック校則って例えばどんなの?面白い校則シリーズ21選! (블랙 교칙이란 예를 들면 어떤 거? 재미있는 교칙 시리즈 21선),
https://hosoburo.com/1504.html

⤳ 코로나가 직장에 미친 영향들

2020년 코로나 사태 이후, 삶의 방식이 크게 바뀌었으며 일을 하는 방식 또한 많이 달라졌습니다. 일본에서는 코로나19 감염 예방을 위해 피해야 할 세 가지, '밀폐, 밀집, 밀접'을 '3밀(3密)'이라 하여, 이를 피하기 위해 새로운 근무 방식이 도입되었습니다.

직장에 출근하지 않고 근무하는 텔레워크(テレワーク – 재택근무)와 교대근무, 시차 출퇴근제(フレックスタイム制)를 도입하는 기업이 늘었습니다. 또 줌(ズーム/Zoom) 등 웹 회의 서비스 이용이 크게 늘었습니다. 텔레워크를 비롯한 근무 방식의 변화에 대해 "소통하기 어렵다"는 부정적인 의견도 있지만, "자유로운 시간이 늘어났다", "인간관계 스트레스가 경감되었다", "쓸데없는 회의가 줄어들었다", "업무 생산성이 높아졌다" 등 긍정적으로 반응하는 직장인들도 많습니다.

애프터 코로나 시대로 접어들어 원래 근무 형태로 차차 돌아오고 있기는 하나, 텔레워크 활용 상황은 앞으로도 사라지지 않을 것으로 보입니다. 가상세계가 생활공간이 되는 메타버스 시대에는 온라인 근무 비율이 더욱 높아질 것은 분명해 보입니다. 그러므로 비록 코로나19로 인한 부득이한 상황이긴 했으나, 근무 방식의 변화는 우리에게 꼭 필요한 경험이었는지도 모릅니다.

III 오락과 예능

정치와 경제 동향에 일희일비하며, 학교와 직장 등에서 일이나 공부에 시달리며 힘든 일상을 보내고 있는 현대 일본 사람들. 그들이 여가 시간에 어떤 오락과 예능을 즐기면서 힘든 몸과 마음을 달래고 있는지 알아보도록 한다.

🏵 게임

사람이 모이는 곳에는 게임이 탄생하는 법이다. 한국에서도 예로부터 윷놀이, 공기놀이 등 전통 놀이가 있고, 인도, 중국에서 넘어온 장기, 바둑, 일본에서 전해진 화투 등은 지금도 즐기고 있는 놀이이다. 컴퓨터 게임, 인터넷 게임 또한 인기가 많다. 여기서는 현대 일본에서 널리 행해지고 있는 보드게임과 카드게임 그리고 컴퓨터 게임에 대해 소개한다.

보드게임

스고로쿠

보드게임에는 여러 가지가 있지만, 일반 가정에서 누구나 간편하게 할 수 있고 어릴 때부터 많이 하는 **스고로쿠(双六)**가 있다. 스고로쿠는 백개먼(backgammon)의

영향을 받아 발전한 놀이로, 윷놀이와 비슷하지만 더 단순한 게임이다. 시작점과 도달점이 설정되어 있고, 일정한 방향으로 나아가는 칸으로 연결된 그림판을 사용한다. 주사위(サイコロ)를 던져 나온 수만큼 **고마(駒 – 기물/말)**를 이동시키면서 먼저 도달점에 도착한 사람이 이기게 된다. 단, 중간중간 "다섯 칸 뒤로"나 "세 칸 앞으로", "시작점에 돌아가기", "한 차례 쉬기", "한 번 더 주사위 던지기" 등 다양한 변수가 적힌 칸이 있어 흥을 돋운다. 룰이 매우 단순하여 남녀노소 누구나 할 수 있고, 전용판 없이도 종이에 직접 그려서 즉석으로 판을 만들어 놀 수도 있는 매우 간편한 보드게임이라 할 수 있다.

쇼기

쇼기(将棋)는 한국의 장기나 중국의 샹치, 서양의 체스 등과 마찬가지로 인도의 차투랑가에 기원을 둔다. 이는 기원이 같기 때문에 한국의 장기와 비슷한 점도 많지만, 다른 점도 많다. 우선 고마(기물/말)의 모양이 다르다. 쇼기의 고마는 앞이 뾰족한 오각형 모양이다. 그리고 교차점이 아니라 칸 안에 고마를 둔다는 점, 고마의 움직임이 다르다는 점, 상대에게서 잡은 고마를 자기 고마로 상용할 수 있는 **모치고마(持ち駒)** 규칙 등, 모양만이 아니라 방식이나 규칙 면에서도 차이가 있다. 또한, 쇼기는 프로 기사가 있어 프로 스포츠처럼 공식전을 벌이며, 인기가 많은 프로 기사는 매체에도 많이 등장한다.

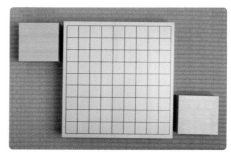

▲ 쇼기판

▲ 쇼기의 기물

이고

바둑 역시 일본에서 흔히 즐기는 보드게임이며, **이고(圍碁)** 혹은 **고(碁)**라고 부른다. 이고도 전 세계에서 하는 게임이지만, 쇼기와 달리 각국에서 하는 바둑은 도구나 모양, 규칙 등에 있어서 두드러지는 차이가 없다. 규칙은 주로 중국 규칙과 일본 규칙으로 크게 나누어지는데, 한국의 바둑과 일본의 이고는 미세한 차이는 있으나 거의 같은 규칙이라고 할 수 있다. 쇼기와 마찬가지로 이고에도 공식전이 있어 프로 기사의 대국이 이루어진다. 뿐만 아니라 이고는 국제대회로 일본, 한국, 중국 등이 주최하는 세계 선수권 대회가 개최되고 있다. 또한, 마인드 스포츠로 간주되어 2010년과 2022년의 아시아경기대회(아시안 게임)에서는 체스나 샹치와 함께 경기종목으로 채택되었다.

카드게임

트럼프

일본에서 가장 널리 사용되고 있는 카드게임은 트럼프 카드라고 할 수 있다. 일본에서 **트럼프(トランプ)**라고 하면 스페이드, 하트, 다이아몬드, 클럽의 네 종류 카드가 13매씩, 52매에 조커를 포함한 총 53매의 카드, 혹은 그 카드를 사용한 놀이를 의미한다. 트럼프(trump)는 원래 카드놀이에서 으뜸패를 의미하는 용어지만, 일본에서는 그것이 카드와 카드놀이를 가리키는 말이다.

16세기 포르투갈에서 전해졌지만 메이지 시대(明治時代 / 1868 – 1912) 이후 현재까지 일본에서 유통되고 있는 것은 영미식 카드이다. 현재 컴퓨터 게임으로 유명한 **닌텐도(任天堂)**가 1902년 일본에서 처음으로 트럼프를 제조했다고 하며, 1953년에는 플라스틱 소재로 개발하여 판매하면서 일본에 널리 보급되었다.

트럼프를 사용한 게임의 종류는 다양하지만, 규칙이 매우 단순하며 대중적으로 인기가 많은 매우 간편한 게임이 몇 가지 있다. 그 대표로 바바누키(ババ抜き – 조커뽑기)와 시치나라베(七並べ – 7늘어놓기)를 들 수 있다. 바바누키는 상대의 카드를

▲ 바바누키

한 장씩 뽑아가면서 숫자가 같은 카드가 더 이상 남지 않을 때까지 한 쌍씩 버리는 게임이다. 가진 카드를 모두 버린 사람부터 게임에서 이기게 되며, 끝까지 카드(조커)를 가지고 있는 사람이 지게 된다. 시치나라베는 조커를 빼고 카드를 나누어, 우선 7의 카드를 모두 판에 내놓는다. 가진 카드 중 앞뒤로 연결되는 숫자의 카드만 판에 낼 수 있는 게임이다. 가진 카드가 모두 없어진 사람부터 이기게 되며, 마지막으로 남은 한 명이 지게 된다. 단, 패스는 세 번까지 할 수 있는 것이 기본이다.

가루타

16세기에 포르투갈에서 전래된 트럼프는 원래 가루타(carta)라고 불렸다. 이는 카드를 의미하는 포르투갈어 발음에서 유래된 말이다. 현대 일본에서 말하는 **가루타(かるた)**는 읽기 카드인 **요미후다(読み札)**와 잡기 카드인 **도리후다(取り札)**로 나뉘어 요미후다와 짝이 되는 도리후다를 잡는 놀이를 가리킨다. 글자가 적힌 요미후다는 그것을 소리 내어 읽는 요미테(読み手)가 들고, 그림이 그려진 도리후다는 판에 놓아둔다. 게임 참여자인 도리테(取り手)는 요미테의 목소리를 들으면서 요미후다의 내용과 맞는 그림이 그려진 도리후다를 잡는다. 제일 먼저 올바른 도리후다를 잡거나 때린 사람이 그 도리후다를 가지게 되며, 최종적으로 도리후다를 많이 가진 사람이 이긴다. 도리후다에는 그림과 함께 요미후다의 첫 글자가 히라가나로 크게 적혀 있다.

13세기 초 성립되었다고 하는 와카집(和歌集) 『**오구라 백인일수(小倉百人一首)**』를 활용한 가루타를 **우타가루타(歌がるた)**라고 한다. 와카(和歌)란 5·7·5·7·7의 5구 31음절의 형식을 가진 일본 전통의 정형시인 단카(短歌) 중 주로 고전 단카를 의미한다. 1인 1수로 100명의 와카를 편찬한 와카집을 백인일수라 하며, 일반적으로『오구라 백인일수』를 가리킨다. 우타가루타의 요미후다에는 와카의 전문과 함께 작자의 초상이 그려져 있다. 요미테는 요미후다를 보면서 와카의 전반부 5·7·5 부분인 가미노쿠(上の句)를 읊는다. 참여자인 도리테는 그것을 듣고 후반부 7·7 부분인 시모노쿠(下の句)가 적힌 도리후다를 재빨리 찾아 때린다.

1대1로 맞붙어 우타가루타의 승부를 겨루는 것이 **경기 가루타(競技かるた)**이며, 크고 작은 대회가 전국적으로 개최된다. 고전문학을 소재로 하고 실내에서 다다미에 정좌로 앉은 채 하기 때문에, 전통문화와 관련한 문화 활동이라는 인식을 가진 사람도 적지 않다. 물론 그러한 면이 있기는 하나, 굉장히 높은 순발력과 정신력을 필요로 하는 경기이기 때문에 스포츠로 취급하는

출처: 위키피디아

▲ 와카집
『오구라 백인일수(小倉百人一首)』

것이 일반적이다. 도리후다를 때릴 때의 치열함과 장시간의 경기를 견디낼 기력과 체력이 요구되므로, '다다미 위의 격투기'라고 불리기도 한다.

◀ 경기 가루타

···▶ '지하야후루'로 재조명된 경기 가루타

어린이들이 가루타로 노는 것은 일본에서 흔히 볼 수 있는 풍경이지만, 『오구라 백인일수』를 사용한 우타가루타는 상당한 지식과 연습이 필요하기 때문에 현대 일본에서는 일상적으로 하는 놀이가 아닙니다. 우타가루타를 소재로 하는 경기 가루타는 100년이 넘는 역사를 지니고 있지만, 위와 같은 이유로 대중적인 인지도는 낮을 수밖에 없었습니다.

그러한 상황을 뒤바꾼 것이 바로 스에쓰구 유키(末次由紀) 작가의 만화 〈지하야후루(ちはやふる)〉입니다. 경기 가루타를 주제로 한 이 만화는 2007년 12월부터 2022년 8월까지 연재되었습니다. 명인(名人) · 퀸(クイーン)이라 불리는 경기 가루타의 정상을 목표로 열정적으로 싸우는 남녀 고등학생 주인공들의 모습이 인기를 끌어, 2009년 만화대상을 수상하고, 2010년에는 〈이 만화가 대단하다!(このマンガがすごい！)〉 여성편에서 1위를 차지했습니다. 2011년에 애니메이션 1기, 2013년에 2기, 2019년에는 3기가 방영되었고, 실사 영화도 2016년에 두 편, 2018년에 한 편 제작되었습니다.

원작 만화를 비롯한 일련의 작품들로 인하여 경기 가루타의 인지도가 크게 높아졌으며, 우타가루타를 즐기는 인구가 만화 연재 이전에 비해 3배나 늘었다고 합니다. 중고등학생들의 부카쓰(부활동)로 가루타부를 두는 학교 수도 늘어나 대회 참가 인원도 계속 증가세에 있습니다. 그 인기는 세계에도 퍼져 2018년에는 최초로 경기 가루타 세계대회가 개최되었습니다.

출처: 만화 지하야후루 공식 웹사이트

▲ 만화 〈지하야후루〉

하나후다

한국 대표 카드놀이 하면 고스톱(Go-Stop), 즉 화투라고 할 수 있는데, 이는 일본의 **하나후다(花札)**가 넘어온 것이다. 하나후다 역시 16세기에 포르투갈에서 전래된 트럼프, 즉 가루타(carta)가 기원이다. 48장의 패로 구성되는데, 이는 가루타가 전래될 당시 52장의 영미식 트럼프가 아니라 48장의 라틴식이었던 것에서 유래했기 때문이다. 에도 시대(江戸時代/1603-1868) 도박용 가루타로 숫자와 모양(스페이드나 하트 등)을 숨기기 위해 4장씩 12달의 꽃(식물) 디자인으로 제작된 가루타가 유통되면서 하나후다가 성립되었다.

◀ 하나후다

하나후다의 놀이 종류는 다양하지만 3인용 놀이인 **하나아와세(花合わせ)**와 2인용 놀이인 **고이코이(こいこい)**가 가장 일반적이다. 두 놀이 모두 손에 든 패 한 장을 바닥에 내려놓은 다음, 더미에 쌓인 패 한 장을 바닥에 내려놓으며 진행하는 것은 한국의 화투와 같다. 내려놓은 패와 짝이 맞는 패가 바닥에 있으면 그 두 장을 모두 가져올 수 있다. 오광이나 홍단 등 얻은 패의 조합을 **야쿠(役/족보)**라 하며, 이에 따라 점수가 정해진다. 하나아와세는 손에 든 패가 없어지면 게임이 끝나며 가진 패의 점수와 조합한 야쿠의 점수의 합이 가장 높은 사람이 이기게 된다. 고이코이는 야쿠가 만들어진 시점에 승부를 하면 판이 끝나고 점수를 얻게 된다. 야쿠가 만들어졌을 때 "고이코이"라고 외치면 판이 계속되어 더 점수를 쌓을 기회를 노릴 수 있으나, 상대가 야쿠를 만들어 점수를 가져갈 위험성도 있다. 12판을 기본으로 하고 점수의 총합으로 승부를

가린다. 한국의 고스톱은 고이코이가 변형된 놀이이기 때문에 비슷한 면이 많으나, 참여 인원, 야쿠의 종류, 점수 계산법 등 차이점도 많다. 또한, 고이코이에는 뻑이나 따닥, 쪽, 싹쓸이 같은 특수규칙은 없고 조커에 해당하는 특수패 사용도 없다.

▲ 고이코이

▲ 대표적인 야쿠

가정용 게임기

1970년대 후반에 놀이공원이나 오락실 등의 업소용 게임기가 유행하자 컴퓨터 게임 산업이 점차 커져 80년대에는 가정용 게임기가 하나둘씩 등장했다. 그 중에서도 타의 추종을 불허한 것이 **닌텐도**의 게임기였다. 하나후다의 제조·판매로 시작으로 일본에서 처음으로 트럼프를 제조한 노포

▲ 화미콘(패밀리 컴퓨터)

완구회사였던 닌텐도는, 1980년에 내놓은 휴대형 게임기 게임&워치(ゲーム&ウオッチ)가 히트치면서 가정용 게임기 개발 회사로 전환하는 계기가 되었다. 1983년에는 **패밀리 컴퓨터(ファミリーコンピュータ)**를 출시하여, 폭발적인 매출을 기록했다. 패밀리 컴퓨터는 컴퓨터 게임기의 대명사가 되어 **화미콘(ファミコン)**이라는 약칭으로 오랫동안 일본은 물론 전세계 사람들에게 사랑받았다.

게임으로는 1985년에 발매된 〈슈퍼 마리오 브라더스(スーパーマリオブラザー
ズ)〉가 공전의 대히트를 치면서 일본 사회에 마리오 열풍을 일으켰다. 일본 국내에서
681만 개, 전 세계에서는 4,024만 개를 판매했으며, 일본 국내 게임 매출에서는 2020년
에 출시한 〈모여봐요 동물의 숲(あつまれ どうぶつの森)〉이 기록을 갱신하기 전까지
30년 이상 역대 1위를 유지했다. 이후에도 1986년에 발매한 RPG 게임 〈드래곤 퀘스트
(ドラゴンクエスト)〉 시리즈 등 열광적인 인기를 얻은 화미콘용 게임이 등장했다.

▲ 슈퍼 마리오 브라더스

▲ 드래곤 퀘스트

화미콘 이후 청소년을 비롯한 많은 사람들의 삶에 컴퓨터 게임이 침투했다. 닌텐도
에서는 계속해서 Wii, 닌텐도 스위치(Nintendo Switch) 등 가정용 게임기를 출시했
다. 가정용 게임기는 닌텐도 외에도 많이 출시되었는데, 1994년 닌텐도를 누르고 업
계 1위로 부상한 것이 **소니(ソニー)**의 **플레이스테이
션(PlayStation)**이었다. 플레이스테이션은 **프레스테
(プレステ)**라는 약칭으로 사랑받고 있으며, 2020년
의 플레이스테이션 5까지 후속 모델이 나올 때마다 엄
청난 매출을 기록하고 있다. 그 중에서도 특히 플레이
스테이션 2는 전 세계에서 1억 5,500만대를 판매, 컴
퓨터 게임기 판매 대수로는 역대 1위를 기록했으며,
2023년 현재도 기록을 유지하고 있다.

▲ 플레이스테이션 5

🌸 프로 스포츠

스포츠 관전을 좋아하는 사람도 많다. 경기장에 직접 가서 보거나 TV 중계로 보는 경우도 있고, 요즘은 유튜브나 ABEMA, U-NEXT, Hulu와 같은 인터넷 방송, OTT(스트리밍 서비스)를 이용하여 관전하는 경우도 많다.

일본 국내 프로 스포츠는 야구의 NPB, 축구의 J리그, 농구의 B리그, 배구의 V리그, 테니스, 골프, 복싱 등이 있다. 여기서는 주로 NPB와 J리그에 대해 소개하고자 한다.

프로 야구

일본에서 가장 인기가 많은 프로 스포츠는 프로 야구로, 다른 프로 스포츠에 비해 압도적으로 많은 팬을 보유하고 있다. 일본 프로 야구라 하면 일반적으로 1949년에 발족한 **NPB / 일본야구기구(日本野球機構)**를 의미한다. NPB는 **센트럴 리그(セントラル・リーグ)**와 **퍼시픽 리그(パシフィック・リーグ)** 두 리그로 나뉜다. 일상적으로 센트럴 리그는 **세리그(セ・リーグ)**, 퍼시픽 리그는 **파리그(パ・リーグ)**라고 불리며, 두 리그를 합쳐서 말할 때는 세·파(セ・パ) 양(両) 리그라고 불린다. 현재 두 리그에 소속된 팀은 다음과 같다.

센트럴 리그

구단 로고	구단명 약칭/애칭	창설 연도 본거지
	요미우리 자이언츠(読売ジャイアンツ)	1934년
	교진(巨人), 자이언츠	도쿄도(東京都)
	한신 타이거즈(阪神タイガース)	1935년
	한신, 타이거즈	효고현(兵庫県)
	주니치 드래곤즈(中日ドラゴンズ)	1936년
	주니치, 드래곤즈	아이치현(愛知県)
	도쿄 야쿠르트 스왈로즈(東京ヤクルトスワローズ)	1950년
	야쿠르트, 스왈로즈	도쿄도(東京都)
	요코하마 DeNA 베이스타즈(横浜DeNAベイスターズ)	1950년
	요코하마, 베이스타즈, 디엔에이	가나가와현(神奈川県)
	히로시마 도요 카프(広島東洋カープ)	1950년
	히로시마, 카프	히로시마현(広島県)

퍼시픽 리그

구단 로고	구단명	창설 연도
	약칭/애칭	본거지
	오릭스 버팔로즈(オリックス・バファローズ)	1936년
	오릭스, 버팔로즈	오사카후(大阪府)
	후쿠오카 소프트뱅크 호크스(福岡ソフトバンクホークス)	1938년
	소프트뱅크, 호크스	효고현(福岡県)
	홋카이도 닛폰햄 파이터즈(北海道日本ハムファイターズ)	1946년
	닛폰햄, 니치하무(日ハム), 파이터즈	홋카이도(北海道)
	사이타마 세이부 라이온즈(埼玉西武ライオンズ)	1950년
	세이브, 라이온즈	사이타마현(埼玉県)
	지바 롯데 마린즈(千葉ロッテマリーンズ)	1950년
	롯데, 마린즈	지바현(千葉県)
	도호쿠 라쿠텐 골든이글스(東北楽天ゴールデンイーグルス)	2005년
	라쿠텐, 이글스	미야기현(宮城県)

세·파 양 리그에는 각각 6개 구단이 소속되어 있으며, 라쿠텐을 제외하고 모두 NPB 발족 초창기부터 있어 왔던 구단이지만, 경영 모체가 여러 차례 바뀌면서 구단명과 본거지가 바뀐 구단이 많다. 1950년의 리그 개시 이후 경영 모체와 구단명, 본거지에 큰 변화가 없는 것은 교진(요미우리)과 한신, 주니치, 그리고 히로시마뿐이다. 이 구단들은 모두 세리그 구단인데, 오랫동안 구단 역사를 한 곳에서 이어가고 있는 구단이 많아서 그런지, 상대적으로 파리그보다 세리그의 팬이 더 많다. 그 중에서도 도쿄를 본거지로 하는 교진과 간사이 지방을 본거지로 하는 한신은 다른 구단과 구별될 만큼 특히 많은 팬 수를 보유하고 있으며, 교진과 한신은 영원한 라이벌 관계로 교진－한신전은 한일전처럼 주목도가 높고 응원도 치열하다. 2004년에 프로 야구 재편 문제가 일어나, 오릭스와 긴테쓰(近鉄) 간 통폐합이 이루어지고 라쿠

△ 교진 － 한신전

텐이 새로 가입하게 되면서 현재의 12구단으로 구성되었다.

매년 리그전에서 3위 이상이 된 팀들이 **클라이맥스 시리즈(クライマックスシリーズ)**에 진출한다. 이 시리즈에서 1위가 된 팀이 일본 프로야구 정상 결전인 **일본시리즈(日本シリーズ)**에 진출하게 된다. 원래는 리그전 우승팀이 일본시리즈에 진출하였으나, 파리그에서는 2003년부터, 세리그에서는 2006년부터 클라이맥스 시리즈를 열게 되었다.

프로 야구 외에도 고등학교 부카쓰(부활동)인 **고교 야구(高校野球)**도 인기가 많다. 고교 야구는 매년 봄과 여름에 한신의 구단 본거지 구장인 효고현 니시노미야시(西宮市)의 **한신 고시엔 구장(阪神甲子園球場)**에서 전국 대회가 개최된다. 이 구장은 **고시엔**이라는 애칭으로 사랑받고 있으며, 고교 야구의 성지이자 고교 야구 전국 대회의 대명사이기도 하다. 고교 야구에서 활약하여 주목받은 선수들은 드래프트에서 프로 야구 팀의 지명을 받게 된다.

출처: 위키피디아

▲ 한신 고시엔 구장에서 고교 야구 대회의 개막식이 열리고 있는 모습(2007년)

···› 일본인 메이저리거들

NPB에서 활약한 선수들은 미국 메이저리그(MLB)에 진출하는 경우가 많습니다. 1995년 노모 히데오(野茂英雄) 투수가 30년 만에 일본인 메이저리거가 된 이후, 거의 매년 메이저리그에 일본인 선수가 진출하고 있습니다.

그 중에서도 레전드급인 이치로(イチロー) 선수는 현역 시절 매 경기마다 타석으로 주목받았을 뿐만 아니라, 그의 언행이나 사생활 등 일거수일투족이 대중의 이목을 끌었습니다. 최근에는 현역 메이저리거인 오타니 쇼헤이(大谷翔平) 선수가 타자와 투수의 '이도류(二刀流)'로 세계적인 주목을 받고 있습니다. 그는 2023년 야구 세계대회인 WBC(월드 베이스볼 클래식)에서도 일본을 우승으로 이끈 중심인물로 활약했으며, 대회 최우수선수(MVP)로 선정된 바 있습니다.

출처: 위키피디아

▲ 이치로 선수

출처: 위키피디아

▲ 오타니 쇼헤이 선수

프로 축구

프로 야구 다음으로 인기가 많은 프로 축구는 1993년에 **일본 프로 축구 리그(日本プ ロサッカーリーグ)**, 통칭 **J리그(Jリーグ)**로 출범하였다. 1999년에는 J1와 J2의 2부 제로 이행하였고, 2014년부터는 J3가 설립되어 3부제로 운영하게 되었다. 2023년 현 재, J1에 18개 팀, J2에 22개 팀, J3에 20개 팀, 총 60개 팀이 소속되어 있다. 각 팀은 도도부현이나 중핵 도시 등을 본거지로 하고 있다. 매년 시즌 종료 후 각 리그의 순위 에 따라 승격하는 팀과 강등하는 팀이 결정되며 매년 리그 소속 팀이 교체된다. 2024년 시즌부터는 각 리그별 20팀씩 재편성될 예정이다.

J리그 초창기 오리지널 10팀 중 J1 강등 경험이 없는 팀은 2023년 현재, 이바라키현 (茨城県) 가시마시(鹿嶋市)를 중심으로 하는 **가시마 앤틀러스(鹿島アントラーズ)** 와 가나가와현 요코하마시를 중심으로 하는 **요코하마 F. 마리노스(横浜F·マリノス)** 뿐이다. 이 중 가시마 앤틀러 스는 J1 리그 우승 횟수가 가 장 많으며, 2016년 FIFA 클럽 월드컵에서 준우승을 거둔 적도 있다.

▲ 가시마 앤틀러스 엠블럼　　▲ 요코하마 F. 마리노스 엠블럼

J리그도 인기가 많지만 무엇보다 일본 국민들이 열광하는 것은 국제 경기인 FIFA 월드컵이다. 프로 스포츠로서는 J리그보다 프로 야구 NPB가 훨씬 인기가 많지만, 국제 경기로서는 야구 국제대회인 WBC(월드 베 이스볼 클래식)만큼 FIFA 월드컵도 인기가 많으며 방송에서도 압도적인 높은 시청률을 기록한다. 이러한 국제 경기의 인기가 J리그 팬층을 지탱하고 있는 것으로 보인다.

▲ 2022 FIFA 월드컵 – 일본 vs 독일

☁ 미디어 콘텐츠

　잡지, 단행본, TV, 영화, 인터넷 사이트 등 여러 매체를 통해 우리가 접할 수 있는 문화 콘텐츠에는 소설, 만화, 영화, 애니메이션, TV 드라마, TV 오락 프로그램, 게임, 노래, 연극, 댄스 퍼포먼스 등 다양한 장르가 있다. 이러한 콘텐츠들 하나하나는 독립된 작품이기는 하나, 여러 매체의 장르가 서로 개입하고 영향을 주고받으면서 작품이 성립되는 경우가 많다. 이러한 상황을 **미디어 믹스(メディアミックス)**라고 부르는데, 그 형태는 다양하다. 예를 들어 소설이나 만화를 원작으로 하는 드라마나 영화, 애니메이션의 경우가 그렇다. 뿐만 아니라 영화가 소설화되거나, 노래로부터 영감을 얻은 드라마나 영화가 제작되기도 한다. 또, 애니메이션을 게임으로 만들기도 하고 게임을 원작으로 애니메이션을 만들기도 한다. 하나의 콘텐츠에 대해 자세히 언급하려면 여러 매체를 함께 논할 필요가 있으나, 여기서는 개론적으로 이해하기 쉽게 각 매체별로 나누어 간략하게 정리하고자 한다.

만화와 애니메이션

만화 원작 애니메이션

　일본의 만화와 애니메이션은 1950~1960년대에 **데즈카 오사무(手塚治虫)**에 의해 급격하게 성장하였다. 데즈카 오사무는 자신이 연재하던 만화 〈**철완 아톰(鉄腕アトム)**〉(1952 – 1968)을 TV애니메이션으로 제작 방영하였다(제1작: 1963 – 1966). 이것은 현재까지도 이어지고 있는 30분 편성 TV 애니메이션의 시초가 되었다. 이후 데즈카의 작품에 영향을 받은 **후지코 F 후지오(藤子·F·不二雄)**의 〈**도라에몽(ドラえもん)**〉(만화: 1969 – 1997, TV 애니메이션: 1973 –)이나 마쓰모토 레이지(松本零士)의 〈은하철도 999(銀河鉄道999スリーナイン)〉(만화: 1971 – 1978, TV 애니메이션: 1978 – 1981) 등 만화를 TV 애니메이션으로 제작한 작품들이 흥행에 성공하면서 일본 애니메이션 성장에 기여하였다.

▲ 데즈카 오사무

◀ 철완 아톰

▲ 후지코 F 후지오

◀ 도라에몽

　도라에몽은 현재까지도 TV 애니메이션으로 방영되고 있으며, 이처럼 오랫동안 지속적으로 방영되고 사람들에게 사랑받는 애니메이션을 **국민적 애니메이션(国民的ア**<ruby>国民的<rt>こくみんてき</rt></ruby>**ニメ)**이라고 부른다. 〈도라에몽〉 외에도 **〈사자에씨(サザエさん)〉**(1969－), 〈날아라 호빵맨(それいけ!アンパンマン)〉(1988－), 〈마루코는 아홉살(ちびまる子ちゃん)〉(1990－), 〈짱구는 못말려(クレヨンしんちゃん)〉(1992－), 〈명탐정 코난(名探偵コナン)〉(1996－) 등이 국민 애니메이션으로 사랑받고 있다. 이 중 〈사자에씨〉는 2023년 현재 방영 기간이 54년이 넘는 장수 프로그램으로 세계에서 가장 오랜 기간 방영되고 있는 TV 애니메이션으로 기네스 세계기록을 유지하고 있다.

만화 잡지

만화와 애니메이션의 융성을 뒷받침한 것이 만화 잡지들이다. 1950년대 후반 이후 남성 취향의 **소년만화(少年漫画)** 잡지로『주간 소년 매거진(週刊少年マガジン)』(1959−),『주간 소년 선데이(週刊少年サンデー)』(1959−),『**주간 소년 점프(週刊少年ジャンプ)**』(1968−),『월간 코로코로 코믹(月刊コロコロコミック)』(1977−) 등이 속속 창간되었으며, 소년만화 잡지는 1990년대에 전성기를 이루었다. 여기에 연재된 작품들은 잇달아 애니메이션으로 제작 방영되어 인기를 끌었다. 이 중에서도 압도적 발행 부수와 인기를 자랑하는 것이『주간 소년 점프』이며, 〈드래곤볼(ドラゴンボール)〉(1984−1995), 〈슬램덩크(スラムダンク)〉(1990−1996)를 비롯

▲ 주간 소년 점프 (2023년 14호)

한 〈원피스(ONE PIECE ワンピース)〉(1997−), 〈나루토(NARUTO −ナルト−)〉(1999−2014), 〈귀멸의 칼날(鬼滅の刃)〉(2016−2020) 등 많은 작품이 애니메이션으로도 제작, 인기를 얻었다.

▲ 챠오 (2023년 7월호)

여성 취향의 소위 순정만화를 일본에서는 **소녀만화(少女漫画)**라고 부르며,『나카요시(なかよし)』(1954−),『리본(りぼん)』(1955−),『챠오(ちゃお)』(1977−) 등 소녀만화 잡지도 융성했으며, 이 역시 많은 작품들이 애니메이션화되었다.

미야자키 하야오와 스튜디오 지브리

애니메이션 하면 극장판 애니메이션의 거장 **미야자키 하야오(宮崎駿)**를 빼놓을 수 없다. TV 애니메이션 〈알프스의 소녀 하이디(アルプスの少女ハイジ)〉(1974)나 〈빨간 머리 앤(赤毛のアン)〉(1979) 등의 감독으로 유명한 **다카하타 이사오(高畑勲)**와 함께 애니메이션 제작에 종사하던 미야자키 하야오는 1979년 〈루팡 3세: 칼리오스트로의 성(ルパン三世 カリオストロの城)〉으로 장편 영화 애니메이션 감독으로 데뷔하였다. 1984년 〈바람계곡의 나우시카(風の谷のナウシカ)〉로 호평을 받은 후, 미야자키 작품과 다카하타 작품을 중심으로 제작하는 애니메이션 제작사 **스튜디오 지브리(スタジオジブリ)**를 설립, 총 10편의 장편 영화 애니메이션을 자신이 감독한 작품으로 내놓았다.

▲ 미야자키 하야오

▲ 다카하타 이사오

그 중에서도 일본의 정서가 담겨진 〈이웃집 토토로(となりのトトロ)〉(1988)와 〈센과 치히로의 행방불명(千と千尋の神隠し)〉(2001)은 세계적으로도 인지도가 높고 인기가 많은 작품이라고 할 수 있다. 〈바람이 분다(風立ちぬ)〉가 공개된 2013년, 장편 영화 제작에서 은퇴하겠다고 발표했으나, 2023년 7월, 10년 만에 신작 영화 〈그대들, 어떻게 살 것인가(君たちはどう生きるか)〉가 공개되었다.

▲ 미타카노 모리 지브리 미술관

◀ 센과 치히로의 행방불명
(千と千尋の神隠し)

┈▸ 영화 흥행 기록을 깬 '귀멸의 칼날'

애니메이션 대국인 일본에서는 영화계도 애니메이션이 이끌어갑니다. 2023년 현재, 일본 내 영화 흥행수입 역대 순위 탑 10 중 6개가 일본 애니메이션 영화입니다. 그 중 3개가 미야자키 하야오 감독의 지브리 영화, 〈하울의 움직이는 성(ハウルの動く城)〉(2004 ; 9위), 〈원령공주(もののけ姫)〉(1997 ; 7위), 〈센과 치히로의 행방불명(千と千尋の神隠し)〉(2001 ; 2위)입니다.

2001년, 〈타이타닉〉(1997)의 277.7억엔을 넘어 316.8억엔의 흥행수입을 거둔 〈센과 치히로의 행방불명〉은 오랫동안 부동의 1위를 차지해 왔습니다. 그런데 2020년, 역사적 사건이 터집니다. 『주간 소년 점프』에 연재되던 〈귀멸의 칼날(鬼滅の刃)〉이 2019년 TV 애니메이션으로 방영되자 압도적인 인기를 얻었으며, 그 기세 그대로 2020년 〈극장판 귀멸의 칼날: 무한열차편(劇場版「鬼滅の刃」無限列車編)〉도 관객수를 늘려 404.3억엔의 흥행수입으로 〈센과 치히로의 행방불명〉의 기록을 훌쩍 뛰어넘었습니다. 이 영화는 해외에서도 많이 상영되었으며, 2020년 연간 흥행수입 세계 1위라는 기록까지 수립했습니다.

▲ 극장판 귀멸의 칼날: 무한열차편

드라마

TV 드라마 편성

전국 각지에 있는 지방 방속국 네트워트의 중심이 되는 민간 방송국을 **민방키국(民みん 放ぼうキー局きょく)**이라고 한다. 민방 키국은 **니혼TV(日に本ほんテレビ)**, **TV아사히(テレビ朝あ日ひ)**, **TBS－TV(TBSテレビ)**, **TV도쿄(テレビ東とう京きょう)**, **후지TV(フジテレビ)**의 5개 주요 방송국으로 이루어진다. 전국적으로 방영되는 주력 드라마는 이들 민방키국에서 제작하는 경우가 많다.

일본 TV 드라마의 골든 타임은 오후 9~11시이다. 주요 민영방송의 경우 요일마다 일주일에 1회, 1시간 편성으로 주력 드라마를 이 골든 타임에 방영한다. 1시간짜리 드라마라 해도 민영방송의 경우, 방송 중에 수시로 광고가 들어가기 때문에 실질적으로 1회 내용은 40분 정도이다. 대체로 8~12회 정도로 마지막회를 맞이하기 때문에 한국 드라마보다 훨씬 짧게 느껴질 수 있다.

유행 드라마

1990년대, 2000년대에는 연애 드라마가 인기를 끄는 경우가 많았지만, 2010년대 이후의 인기 드라마는 〈가정부 미타(家か政せい婦ふのミタ)〉(2011), 〈한자와 나오키(半はん沢ざわ直なお樹き)〉(2013) 등 사회적 문제를 주제로 담은 드라마가 대세를 이루었다. 이 중 〈한자와 나오키〉는 은행에서 벌어지는 비리 사건을 다룬 TBS 드라마로, 마지막회는 헤이세이 시대(平へい成せい時じ代だい/1989－2019) 이후 TV 드라마 사상 42.2%라는 최고 시청률을 기록했다.

▲ 한자와 나오키

2016년 가을에 방영된 TBS 드라마 〈도망치는 건 부끄럽지만 도움이 된다(逃げる
は恥だが役に立つ)〉는 연애를 다룬 드라마이면서도 예전에는 없었던 현대인들의 새
로운 연애관을 그린 작품으로 주목받았다. 유행어, 유행가, 유행 춤 등으로 사회 현상
이 된 이 드라마는 긴 제목을 줄인 '니게하지(逃げ恥)'라는 약칭으로 오랫동안 사랑받
고 있는 작품이다.

◀ 도망치는 건 부끄럽지만 도움이 된다
(니게하지)

NHK 아침 드라마

일본의 유일한 공영방송국 NHK에서는
평일에 매일 1회 15분 편성의 '연속 TV 소
설(連続テレビ小説)' 드라마 시리즈를 1년
에 두 작품, 상·하반기로 나누어 방영한
다. 아침에 본방송을 하는 이 드라마 시리
즈는 '아침 드라마'라는 뜻으로 흔히 '아사
도라(朝ドラ)'라고 불리며 많은 대중들에게

▲ 2020년 상반기 아사도라 〈옐〉

사랑받고 있다. 최근에는 격동의 쇼와 시대(昭和時代 / 1926 – 1989)를 살아간 작곡가
와 그 아내의 파란만장한 생애를 그린 2020년 상반기의 〈옐(エール)〉이 많은 인기를
얻었다.

NHK 대하 드라마

NHK에서는 일요일 저녁에 1회 45분 편성, 약 50회의 시대극 드라마 시리즈를 1년 동안 방영하는데, 이를 **대하 드라마(大河ドラマ)**라고 한다. 근대 이전의 역사적 사건이나 인물을 그리는 이 드라마 시리즈는 아사도라와 함께 NHK 인기 프로그램의 쌍벽을 이룬다. 최근에는 헤이안 시대(平安時代 / 794 – 1185) 말기에서 가마쿠라 시대(鎌倉時代 / 1185 – 1333) 초기를 그린 2022년의 〈가마쿠라 도노의 13인(鎌倉殿の13人)〉이 호평을 받았다.

▲ 2022 대하 드라마
〈가마쿠라도노의 13인〉

영화

애니메이션은 물론 실사 영화에서도 일본 영화는 하나의 브랜드를 확립했다. 1951년의 샌프란시스코 강화조약 체결 후, GHQ에 의한 영화 검열이 폐지되면서 수많은 영화가 제작되었다. 그 중에서도 미조구치 겐지(溝口健二) 감독의 〈우게쓰 이야기(雨月物語)〉(1953), 오즈 야스지로(小津安二郎) 감독의 〈도쿄 이야기(東京物語)〉(1953), **구로사와 아키라(黒澤明)** 감독의 〈라쇼몬(羅生門)〉(1950), 〈7인의 사무라이(七人の侍)〉(1954) 등이 일본 국내에서는 물론 국제적으로도 높이 평가받았다. 미조구치 겐지의 원신 원숏의 리얼리즘 기법, 오즈 야스지로의 로우 포지션 촬영, 구로사와 아키라의 약동감 넘치는 촬영 기법과 극적인 스토리 구성 등이 세계 영화계에도 큰 영향을 주었다.

▲ 미조구치 겐지 감독의
〈우게쓰 이야기〉

▲ 구로사와 아키라 감독의
〈7인의 사무라이〉

1989년 코미디언 출신 **기타노 다케시(北野武)** 감독은 〈그 남자 흉폭하다(その男、凶暴につき)〉로 영화 감독으로 데뷔, 〈소나티네(ソナチネ)〉(1993), 〈HANA-BI〉(1997) 등으로 세계적인 명성을 얻었다. 기타노 다케시 감독의 영화는 압도적이고 순발적인 폭력신, '기타노 블루'라고 불리는 화면 전체의 푸른 톤, 맥락 없는 장면의 연속 등으로 보는 사람들의 마음을 사로잡는다.

▲ 기타노 다케시 감독의
〈소나티네〉

또한 〈아무도 모른다(誰も知らない)〉(2004), 〈바닷마을 다이어리(海街 diary)〉(2015) 등으로 국내외에서 호평을 받은 **고레에다 히로카즈(是枝裕和)** 감독은 〈어느 가족(万引き家族)〉(2018)으로 칸 영화제 황금종려상을 수상하여 영화감독으로서의 지위를 확립했다. 고레에다 히로카즈의 작품은 가족을 주제로 평범한 일상을 리얼하게 도려내어 사람과 사람 사이의 유대관계를 부각시킨다. 또한, 고레에다는 〈공기인형(空気人形)〉(2009)에서 한국 배우를 캐스팅하거나 한국영화 〈브로커(ベイビー・ブローカー)〉(2022)를 감독하는 등 친한(親韓)적인 영화감독이기도 하다.

◀ 고레에다 히로카즈 감독의 〈어느 가족〉

···▶ 영화음악 작곡가,
   히사이시 조와 사카모토 류이치

영화에서 빠질 수 없는 중요한 요소 중 하나가 음악입니다. 음악은 연출의 필수 요소이기도 하며 음악 하나로 영화 분위기가 확 달라지니 영화감독을 비롯한 영화 제작진들은 영화음악을 굉장히 중요시 합니다. 따라서 저명한 작곡가 중 영화음악으로 그 영화와 함께 유명해진 작곡가들도 많습니다.

▲ 히사이시 조

히사이시 조(久石讓)는 1984년 미야자키 하야오 감독의 〈바람계곡의 나우시카〉에서 음악을 담당한 이후, 2023년 〈그대들, 어떻게 살 것인가〉까지 모든 미야자키 감독 장편 애니메이션 음악을 맡았습니다. 또한 기타노 다케시 감독의 영화에서도 초기 작품을 중심으로 7편의 음악을 담당했습니다. 그의 수많은 영화음악 중, 특히 미야자키 감독 영화의 주제곡인 〈아시타카의 전설(アシタカせっ記)〉(〈원령공주〉), 〈어느 여름날(あの夏へ)〉(〈센과 치히로의 행방불명〉), 〈인생의 회전목마(人生のメリーゴーランド)〉(〈하울의 움직이는 성〉)과, 기타노 감독 영화의 주제곡인 〈Summer〉(〈기쿠지로의 여름〉) 등은 누구나 한 번쯤 들었을 법할 정도로 유명한 곡입니다.

▲ 사카모토 류이치

테크노 팝 그룹 YMO에서 활동하던 사카모토 류이치(坂本龍一)는 1983년 자신이 배우로 출연한 오시마 나기사(大島渚) 감독의 〈전장의 크리스마스(戦場のメリークリスマス)〉에서 음악을 맡아 영국 아카데미상 음악상을 수상하는 등 호평을 받았습니다. 이후, 역시 자신이 출연한 베르나르도 베르톨루치 감독의 〈마지막 황제(ラストエンペラー)〉(1988)의 음악을 담당하여 아카데미 작곡상, 골든 글로브상 작곡상, 그래미 어워드 영화음악상 등 세계적인 음악상을 휩쓸었습니다. 또한, 피로회복제의 TV 광고에 사용된 〈Energy Flow〉도 그의 대표곡으로 사랑받고 있습니다. 사카모토가 음악을 담당한 고레에다 히로카즈 감독의 영화 〈괴물(怪物)〉의 개봉을 앞둔 2023년 3월, 그는 암으로 별세하였으며 이 영화의 음악이 그의 유작이 되었습니다.

노래

일본의 가요계

일본 가요는 근대 이후 서양음악의 영향을 받으면서 발전해 왔으며, 그 종류는 다양하다. 1940~1960년대에는 라틴 뮤직, 하와이안 뮤직, 재즈 등의 요소를 포함한 무드가요(ムード歌謡)가 유행했으며, 1960~1970년대에는 R&B 가수, 서양의 록 밴드에 영향을 받은 그룹 사운드(グループ・サウンズ), 포크 가수 등이 속속 등장하였다.

컬러 TV가 보편화된 1970~1980년대에는 TV 음악 프로그램의 융성과 함께 아이돌 가요가 전성기를 이루었다. 또한 테크노 팝도 인기를 얻으면서 가요계는 한층 다양해졌다. 이러한 일본 가요계에 축적된 다양한 음악적 요소들을 살리면서도 새롭고 세련된 음악을 추구하는 가수나 밴드들이 나타났는데, 이들의 장르를 뉴뮤직(ニューミュージック)또는 시티팝(シティ・ポップ)이라고 불렀다. 이렇게 오늘날의 J-POP의 토대가 쌓여 간 것이다.

이러한 쇼와 시대의 고도성장기에 발전한 일본 가요계에서 빼놓을 수 없는 가수가 바로 **미소라 히바리(美空ひばり)**이다. 미소라 히바리는 1950~1980년대, 이 시대 속속 나타난 다양한 장르의 노래를 압도적 가창력으로 부름으로써 일본 '가요계의 여왕'으로 군림했다. 1988년에 나온 그의 마지막 싱글곡 〈흐르는 강물처럼(川の流れのように)〉은 세대를 거듭하여 현재까지도 많은 가수들이 부르고 있고, 대중들에게 사랑받고 있다.

J-POP

1980~1990년대에는 록 가수가 많이 등장하고 밴드붐이 일어났으며, 음악 CD의 보급으로 음반이 폭발적으로 생산되었다. 인기 가수의 노래가 유행 드라마의 주제가나 TV 광고 등으로 사용되었고, 또 이 시기에 **가라오케 박스(カラオケボックス-노래방)**가 전국적으로 보급되는 것과 맞물려 가요계는 유례없는 호황을 누렸다. 이 시기

에 오다 가즈마사(小田和正), 마쓰토야 유미(松任谷由実), 사잔 올 스타즈(サザン オールスターズ), 스피츠(スピッツ), 미스터 칠드런(Mr.Children) 등 현재도 활약 중인 가수나 록 밴드가 많이 등장하였다. 흔히 이러한 1980~1990년대 이후에 나온 일본 가수들의 팝송을 J-POP이라고 부른다.

▲ 가라오케 박스

◀ 사잔 올 스타즈

2000년대 중반 이후 음반 시장은 줄어들었고, 대신 스트리밍 서비스로 바뀌어 갔다. 2000년대 후반 이후, 스트리밍 시장의 확대와 아울러 유튜브나 니코니코 동화 등의 동영상 공유 사이트, 인스타그램이나 틱톡 등의 SNS가 음악 표현의 새로운 플랫폼으로 떠오르면서 음악 시장은 사이버 공간으로 옮겨갔다. 웹사이트를 통해 자작곡이나 커버송을 공개하는 가수들도 늘어났다. 2010년대 이후에 메이저로 데뷔, 현재 압도적인 인기를 자랑하는 요네즈 겐시(米津玄師)나 요아소비(YOASOBI)도 그러한 이력을 가진 가수들이다.

▲ 요아소비의 유튜브 채널

엔카

같은 가요곡에서 출발하면서도 팝송, J-POP과는 다른 흐름으로 발전한 노래 장르가 **엔카(演歌)**이다. 엔카는 예로부터 내려온 일본 고유의 민요에 가까운 음계를 사용하고, 음의 높낮이를 순간적으로 바꾸는 **고부시(小節 - 꺾기)**와 깊은 비브라토를 많이 쓰는 독특한 가창법이 특징이다. 또한 노래 가사와 무대 연출에 일본적인 요소를 많이 깃들이며, 무대 의상으로는 와후쿠(기모노)를 입는 경우도 많다.

한국의 트로트와 매우 흡사한 노래 장르로 1960~1980년대에 융성했으며, 미소라 히바리도 대표적인 엔카 가수 중 한 명이다. 80~90년대 이후 록 뮤직이나 댄스 뮤직을 중심으로 한 J-POP이 젊은 층에게 인기를 얻으면서 엔카의 팬층은 연령대가 높다는 이미지가 강해졌다. 그러나 신인 엔카 가수는 계속 나오고 있으며, J-POP이 대부분을 차지하는 일본 가요계에서 현재도 일정한 인기를 유지하고 있다.

◀ 엔카의 무대

☁ 오와라이

엔게이와 게이닌

가부키나 교겐 만큼 대규모 무대는 아니지만, 대체로 1~3명 정도의 출연자가 무대에 나와 관객들에게 웃음이나 신기함, 놀라움, 감동 등을 주는 퍼포먼스를 **엔게이(演芸 - 연예)**라고 한다. 엔게이 공연을 **요세(寄席)**라고 하는데, 하나의 엔게이 무대가

짧기 때문에 한 번의 요세에서 10개 내외의 엔게이를 볼 수 있다. 엔게이에는 마술(手品)이나 복화술, 곡예, 팬터마임 등도 포함되지만, 엔게이라는 말로 흔히 떠오르는 것은 라쿠고(落語)나 만자이, 콩트, 만담 등 관객에게 웃음을 주기 위한 엔게이, 즉 **오와라이(お笑い - 웃음)** 장르를 일컫는다.

엔게이의 출연자, 연기자를 **게이닌(芸人 - 예인)**이라고 하며, 특히 오와라이의 게이닌을 **오와라이 게이닌(お笑い芸人)**이라고 하는데, 이는 한국에서 말하는 개그맨이나 코미디언과 거의 동의어이다. '오와라이'를 붙이지 않고 '게이닌'이라고만 불러도 보통 코미디언을 의미한다.

오와라이 중 라쿠고의 경우, 에도 시대에 이미 현재의 스타일이 완성되었기 때문에 전통예능으로 보며, 여기서는 현대 오와라이의 대표적 두 장르인 만자이와 콩트를 중심으로 살펴보도록 한다.

만자이와 콩트

만자이(漫才)는 무대 위에서 주로 두 사람이 마이크를 앞에 두고 웃기는 대화를 이어가는 엔게이이다. 만자이를 하는 사람을 만자이시(漫才師)라고 부르며, 콤비의 역할은 일반적으로 **보케(ボケ)**와 **쑷코미(ツッコミ)**로 나뉜다. 보케는 이상한 말을 하거나 웃기는 표정이나 동작을 통하여 관객의 웃음을 유발한다. 보케의 그러한 언행 자체도 '보케'라고 한다. 쑷코미는 말과 동작으로 보케의 이상한 점을 지적하면서 웃을 포인트를 관객에게 제시해 준다. 쑷코미의 그러한 말과 동작

▲ 만자이

자체도 '쑷코미'라고 한다. '보케'만으로 웃기는 경우도 있지만, 쑷코미가 절묘하게 딱 들어맞는 '쑷코미'를 함으로써 비로소 큰 웃음이 터진다. 라쿠고와 마찬가지로 마지막에 웃음을 수반하는 이야기의 끝맺음 **오치(オチ)**를 말하면서 무대를 마무리한다.

만자이 못지않게 인기 있는 오와라이 장르가 **콩트(コント)**다. 콩트란 원래 짧은 이야기나 촌극을 나타내는 말이지만, 일본에서는 관객에게 웃음을 주는 짧은 코미디를 지칭하는 오와라이의 한 장르로 간주된다.

▲ 콩트

만자이와 마찬가지로 '보케', '쓰코미', '오치' 등의 기능을 활용하지만, 끊임없이 대화를 이어가는 만자이에 비해 콩트는 장면과 심리를 묘사해야 하기 때문에 굉장한 연기력이 요구된다. 또한, 마이크 하나만으로 무대에 서는 만자이와 달리 콩트는 다양한 무대장치나 소품을 사용하기도 한다. TV 오락 프로그램 내에서도 콩트를 피력하는 코너가 많은데, 콩트 촬영 시에는 스튜디오 내 각 콩트마다 전용 무대장치가 마련된다. 콩트를 하는 사람을 콩트시(コント師)라 하며, 유명한 콩트시들은 그 연기력을 인정받아 드라마나 영화에 배우로 출연하게 되는 경우도 많다.

프로 게이닌이 출연하는 요세를 직접 보려면 엔게이조(演芸場 – 연예장)라는 요세 공연장에 가야 한다. 오사카에서는 오와라이 게이닌 중심의 큰 소속사인 **요시모토 흥업(吉本興業)**의 자사 엔게이조인 '난바 그랜드 가게쓰(なんばグランド花月)' 등이 있고, 도쿄에도 '루미네 더 요시모토(ルミネtheよしもと)' 등 요시모토 흥업자사의 엔게이조가 있다. 도쿄에는 주로 요시모토 흥업 소속이 아닌 간토 지방 게이닌들이 출연하는 아사쿠사 엔게이홀(浅草演芸ホール)과 같은 건물에 있는 도요칸(東洋館) 등이 있다. 아사쿠사 엔게이홀은 원래 라쿠고의 엔게이조이고, 도요칸은 주로 만자이협회(漫才協会) 소속 게이닌들이 출연하는 엔게이조이다.

▲ 요시모토 흥업의 '난바 그랜드 가게쓰'

게이닌의 TV 출연

대부분의 사람들은 엔게이조에 가서 직접 오와라이를 보기보다 TV를 통해 오와라이를 접하는 기회가 더 많다. 엔게이조 무대에서 인기를 얻은 게이닌들은 TV에 진출, 오락 프로그램에 많이 출연하게 된다. 토크쇼 프로그램의 MC를 맡기도 하고 콩트를 하기도 한다.

콩트 프로그램 MC의 하기모토 긴이치(萩本欽一), 콩트 프로그램의 콩트 그룹 도리후(ドリフ)－정식명 더 드리프터즈(ザ・ドリフターズ), 평일 점심시간의 종합 오락 프로그램 MC의 **다모리(タモリ)**, 만자이와 콩트 프로그램에서 인기를 얻은 **비트 다케시(ビートたけし)**－영화감독으로서의 이름은 기타노 다케시, 천재적인 토크쇼 MC의 **아카시야 산마(明石家さんま)** 등이 TV 전성기인 1970~1990년대의 안방극장을 석권했다.

1980년대 후반에는 다운타운(ダウンタウン), 웃짱난짱(ウッチャンナンチャン), 돈네루즈(とんねるず) 등 다음 세대의 콤비 게이닌들이 두각을 나타내, 이후 TV업계를 이끌었다.

오와라이 게이닌이 출연하는 TV 프로그램의 주된 콘텐츠는 콩트와 토크쇼이다. 만자이는 한때 1980~1982년에 폭발적인 인기로 만자이붐이 일었으나, 특정 콤비가 그들만의 호흡으로 만드는 만자이는 시청자가 질리지 않는 다양한 콘텐츠를 지속적으로 양산해야 하는 TV와는 어울리지 못했는지, 일시적 붐으로 끝났다. 그러나 엔게이조에서의 만자이 인기는 여전하며, 오와라이 특집 TV프로그램 등에서는 만자이가 압도적인 인기를 자랑한다.

⋯▶ 만자이시들의 꿈의 무대 'M－1그랑프리'

오와라이 게이닌으로서 유명해지고 성공하고 싶은 사람들을 위해 오와라이 엔게이에는 많은 대회가 있습니다. 그 중에서도 압도적인 권위와 인기를 자랑하는 것이 일본 최고의 만자이시를 결정하는 'M－1그랑프리(M－1グランプリ)'입니다. '에무완(エムワン－엠원)'이라는 호칭으로 대중들에게 주목받는 이 대회는 2001년에 요시모토 흥업과 간사이 지방 방송국인 아사히방송TV(朝日放送テレビ)가 창설한 대회로, 매년 12월에 결승전이 아사히TV 계열에서 생방송으로 방영되며 높은 시청률을 기록합니다.

대회에서 우승한 만자이 콤비는 상금 1,000만엔 등 시상금을 받고, 바로 다음날부터 TV 등 매체 노출이 급상승하면서 오와라이 업계에서의 지위를 확립하게 됩니다. 우승은 못하더라도 결승에 진출하기만 해도 매체 노출이 잦아지고 소속사에서 우대를 받거나 출연료가 훌쩍 높아지는 등 많은 혜택을 받게 되므로, 하룻밤 사이에 게이닌들의 인생역전이 이루어지는 대회라 할 수 있습니다. 그래서 젊은 게이닌들은 이 대회를 목표로 만자이 연습에 매진하는 나날을 보낸다고 합니다.

▲ M－1그랑프리

M－1그랑프리 외에도 인지도가 높은 오와라이 대회로 최고의 콩트시를 결정하는 '킹 오브 콩트(キングオブコント)', 혼자서 하는 엔게이의 정상결전인 'R－1그랑프리(R－1グランプリ)', 베테랑 만자이시들의 재도전 토너먼트전인 '더 세컨드(THE SECOND)' 등도 있습니다.

[참고문헌]

『【速報】2022 年スポーツマーケティング基礎調査([속보] 2022년 스포츠 마케팅 기초조사)』, 三菱 UFJ リサーチ&コンサルティング, 2022

MEMO

MEMO

| 일본어뱅크 |

머리에
쏙쏙 들어오는

좋아요
일본
문화와 사회

부록
총정리 퀴즈
워크북

동양북스

| 일본어뱅크 |

머리에
쏙쏙 들어오는

좋아요
일본
문화와 사회

부록
총정리 퀴즈
워크북

동양북스

총정리 퀴즈

1 다음 설명에 해당하는 말을 쓰세요.

1 일본에서 가장 높은 산

_____

2 일본에서 가장 긴 강

_____

2 다음 설명에 해당하는 말로 가장 알맞은 것을 하나 고르세요.

1 일본에서 가장 높은 건축물이자, 세계에서 가장 높은 전파탑

    A. 태양의 탑   B. 도쿄 타워
    C. 도쿄 스카이트리   D. 요코하마 랜드마크 타워

2 2011년 3월 11일에 도호쿠 지방에서 간토 지방에 걸쳐 광범위하게 발생한 지진

    A. 간토 대지진   B. 동일본 대지진
    C. 구마모토 대지진   D. 한신·아와지 대지진

3 1992년 일본에서 최초로 세계 문화유산에 등록된 나라현의 절

    A. 호류지(법륭사)   B. 킨카쿠지(금각사)
    C. 시텐노지(사천왕사)   D. 기요미즈데라(청수사)

3 다음 말에 대한 설명 중 가장 알맞은 것을 하나 고르세요.

1 사과

    A. 지바현의 특산물   B. 후쿠이현의 특산물
    C. 시마네현의 특산물   D. 아오모리현의 특산물

2 히로시마시

    A. '천하의 부엌'이라고 불렸다.   B. 세계 최초로 원폭이 투하되었다.
    C. 갓쇼즈쿠리의 시라카와고가 있다.   D. 과거 천 년 이상 일본의 수도였다.

3 아이누

    A. 오키나와의 원주민   B. 류큐왕국의 성 이름
    C. 홋카이도의 원주민   D. 삿포로의 옛 이름

4 다음 글의 ( ) 안에 들어가는 말을 보기에서 찾아 기호를 쓰세요.

❶ 일본은 북쪽부터 홋카이도, ( ), 시코쿠, ( )라는 4개의 큰 섬과 14,000 여 개의 작은
섬들로 이루어져 있다. 지방은 크게 8개로 나눌 수 있으며, 도쿄도, 가나가와현, 지바현 등을
( ) 지방, 교토부, 오사카부, 효고현 등을 ( ) 지방, 아이치현, 시즈오카현, 이시카와현
등을 ( ) 지방이라고 부른다.

❷ 약 260개의 섬들로 이루어진 미야기현의 ( ), 하늘로 뻗은 다리처럼 길쭉한 만구 사주인
교토부의 ( ), 바다 위에 지어진 이쓰쿠시마 진자가 있는 히로시마현의 ( )를 합쳐
( )이라고 부른다.

❸ 일본의 철도는 이전에는 국유 철도였던 ( )과 민간 기업이 운영하는 ( )가 있다. 도시
간을 장거리 이동하는 고속철도를 ( )이라 하며, 그중 도쿄-하카타(후쿠오카) 구간의
가장 빠른 열차를 ( )라고 한다.

보기
> A:시테쓰 B:아마노 하시다테 C:주부 D:미야지마 E:규슈 F:신칸센
> G:일본 3경 H:간토 I:JR그룹 J:혼슈 K:노조미 L:긴키 M:마쓰시마

5 다음 사진과 관련이 있는 도도부현을 하나 고르세요.

❶

A. 돗도리현   B. 도야마현

C. 아키타현   D. 홋카이도

❷

A. 사가현   B. 시가현

C. 고치현   D. 기후현

❸

A. 지바현   B. 효고현

C. 오사카부   D. 가나가와현

총정리 퀴즈

1 다음 설명에 해당하는 말을 쓰세요.

❶ 서양 의복에 대하여 기모노 등으로 불리는 전통 의상을 가리키는 말

_____

❷ 소맷자락이 길고 화려한 기모노로 미혼 여성이 입는 예복

_____

2 다음 설명에 해당하는 말로 가장 알맞은 것을 하나 고르세요.

❶ 남성이 입는 기모노의 상의

    A. 유카타   B. 하오리   C. 하카마   D. 주니히토에

❷ 일본 전통 의상으로, 주로 축제 참가자들이나 장인들이 착용하는 간편한 윗도리

    A. 핫피   B. 고소데   C. 도메소데   D. 소쿠타이

❸ 한국의 도포와 비슷한 디자인으로, 남녀가 함께 입는 주요 겉옷

    A. 주반   B. 나가기   C. 한주반   D. 나가주반

3 다음 말에 대한 설명 중 가장 알맞은 것을 하나 고르세요.

❶ 기쓰케

    A. 기모노를 입은 사람   B. 기모노를 입거나 입히는 일
    C. 기모노를 잘 입는 사람   D. 기모노를 벗거나 벗기는 일

❷ 오하쇼리

    A. 바닥에 닿아 끌리는 기모노의 옷자락을 잘라 길이를 조정하는 방식
    B. 바닥에 닿아 끌리는 기모노의 옷자락을 접어 올려 실로 꿰매어 고정시키는 방식
    C. 바닥에 닿아 끌리지 않도록 기모노를 걷어 올려 뒤에서 묶어서 고정시키는 방식
    D. 바닥에 닿아 끌리지 않도록 기모노를 허리춤에서 접어 올린 후에 끈으로 고정시키는 방식

❸ 요후쿠

    A. 동양식 복장으로 파티 때 즐겨 입는 옷 종류
    B. 동양식 복장으로 공식적인 행사 때 입는 정장
    C. 서양식 복장으로 현대 평소에 많이 입는 옷 종류
    D. 서양식 복장으로 에도 시대 상인들이 흔히 입은 옷 종류

4 다음 글의 ( ) 안에 들어가는 말을 보기에서 찾아 기호를 쓰세요.

① (   )는 일본의 전통 여성 복식의 일종으로, 헤이안 시대 후기의 궁녀나 황족과 귀족 부인들의 정장 겸 대례복이다. 기모노의 원형인 (   )는 나라 시대부터 속옷으로 사용되어 16세기 중반부터는 일상적으로 착용하는 윗옷이 되었다. 한편 남성 귀족의 예복인 (   )는 헐렁한 속바지를 뻣뻣하게 해서 커 보이게 하는 겉바지와 겹겹이 입은 길고 풍성한 겉옷 등으로 구성되어 있다.

② (   )는 일본의 전통 버선이며, 엄지발가락과 검지발가락 사이가 갈라져 있다. (   )는 일본의 나막신이다. 하단에 나무굽 두 개를 대고, 윗판에는 세 개의 구멍을 내고는 (   )라고 불리는 끈을 묶어둔다. (   )는 일본의 전통 짚신이다. 현대 일본에서는 주로 기모노를 입을 때 신는다. 주로 가죽이나 천, 비닐 등의 소재로 제조된다.

> **보기** A:게타 B:소쿠타이 C:다비 D:주니히토에 E:조리 F:고소데 G:하나오

5 다음 그림과 관련이 있는 말을 하나 고르세요.

①

A. 다비   B. 주반
C. 나가기   D. 몸뻬

②

A. 오하쇼리   B. 다비
C. 오비   D. 게타

③

A. 스봉   B. 주반
C. 오비   D. 몸뻬

총정리 퀴즈

① 다음 설명에 해당하는 말을 쓰세요.

① 일본의 전통적인 식문화 속에서 성립한 음식

_____

② 간편하게 먹을 수 있는 양식이나 '모닝구'라는 조식세트 등을 제공하는 카페 겸 경양식점

_____

② 다음 설명에 해당하는 말로 가장 알맞은 것을 하나 고르세요.

① 순하고 소박한 일본음식의 맛에 악센트를 주기 위해 곁들이는 와사비, 묘가 등의 향미 재료

　A. 멘쓰유　　　B. 야쿠미　　　C. 다레　　　D. 시소

② 식초를 섞은 밥을 뭉쳐 그 위에 생선을 얹은 스시

　A. 갓파스시　　　B. 이나리스시　　　C. 니기리스시　　　D. 데마키스시

③ 1958년에 세계 최초의 인스턴트 라멘이라 불리는 '치킨라멘'을 판매하기 시작한 회사

　A. 산요식품　　　　　　　B. 도요식품
　C. 묘쿄식품　　　　　　　D. 닛신식품

③ 다음 말에 대한 설명 중 가장 알맞은 것을 하나 고르세요.

① 슌

　A. 제철 음식　　　　　　　B. 여름 음식
　C. 제철 채소　　　　　　　D. 겨울 생선

② 샤리

　A. 초밥과 같이 먹는 생강 절임　　　B. 초밥을 먹은 후에 마시는 차
　C. 식초를 섞어 만든 초밥용 밥　　　D. 초밥에 사용하는 생선이나 조개 등의 재료

③ 사쓰마아게

　A. 어묵　　　　　　　B. 튀김옷
　C. 새우 튀김　　　　　D. 고구마 튀김

4 다음 글의 ( ) 안에 들어가는 말을 보기에서 하나 찾아 기호를 쓰세요.

① 육수를 만들기 위해 식재료를 우려낸 것을 (　　)라고 하는데, 일본에서는 말린 가다랑어를 사용한 (　　)다시, 말린 다시마를 사용한 (　　)다시, 말린 멸치를 사용한 (　　)다시가 주로 많이 사용된다.

② 미소, 쇼유, 시오 등의 진한 국물에 꼬불꼬불한 면이 특징적인 (　　)라멘, 돈코쓰 국물에 가늘고 딱딱한 면이 특징적인 후쿠오카의 (　　)라멘, 돼지사골과 닭뼈로 우려낸 쇼유 국물에 굵은 면이 특징적인 요코하마 (　　)라멘 등 각 지역마다 명물이 된 라멘 브랜드가 있다. 이러한 지역 라멘 브랜드를 '현지 라멘'이라는 뜻으로 (　　)라멘이라고 부른다.

③ 이미 조리된 음식을 사거나 (　　)를 시켜 집에서 먹는 식사 스타일을 (　　)라고 부른다. 이는 고령자나 아이들이 혼자 외롭게 식사를 하는 (　　) 문제와도 직결한다는 부정적인 측면도 있다.

> **보기**
> **A**:니보시　**B**:이에케이　**C**:나카쇼쿠　**D**:곤부　**E**:삿포로　**F**:다시　**G**:고쇼쿠
> **H**:데마에　**I**:하카타　**J**:가쓰오　**K**:고토치

5 다음 그림과 관련이 있는 말을 하나 고르세요.

①

A. 사시바시　　　　B. 요세바시
C. 다테바시　　　　D. 히로이바시

②

A. 오시즈시　　　　B. 데마키즈시
C. 군칸마키　　　　D. 지라시즈시

③

A. 미소시루　　　　B. 니쿠자가
C. 삼즙일채　　　　D. 스키야키

총정리 퀴즈

1 다음 설명에 해당하는 말을 쓰세요.

① 밑에 전열기구가 붙어 있는 일본 전통 난방기구

_____

② 집의 구조, 방 배치를 나타내는 것

_____

2 다음 설명에 해당하는 말로 가장 알맞은 것을 하나 고르세요.

① 집세가 가장 비싼 도도부현

A. 도쿄도	B. 오사카부
C. 가나가와현	D. 사이타마현

② 고령화 사회에 대응한 맨션

A. 실버 맨션	B. 타워 맨션
C. 원룸 맨션	D. 라이더스 맨션

③ 일본 전통 다다미가 깔려 있는 일본식 방

A. 다시쓰	B. 요시쓰
C. 와시쓰	D. 니혼시쓰

3 다음 말에 대한 설명 중 가장 알맞은 것을 하나 고르세요.

① 쓰보 (평)

A. 다다미 1장 넓이	B. 다다미 2장 넓이
C. 다다미 3장 넓이	D. 다다미 4장 넓이

② 유닛 배스

A. 욕실과 탈의실이 일체화된 형태	B. 욕실과 세면실이 일체화된 형태
C. 욕실과 화장실이 일체화된 형태	D. 욕실과 세탁실이 일체화된 형태

③ 오시이레

A. 방과 방 사이를 구분하는 미닫이문	B. 방과 마당 사이에 만들어진 널빤지 통로
C. 방과 복도 사이를 구분하는 미닫이문	D. 이불, 의류, 가재도구 등을 수납하는 벽장

4 다음 글의 (   ) 안에 들어가는 말을 보기에서 하나 찾으세요.

❶ 단독주택을 의미하는 (   )의 경우, 철근 콘크리트보다 (   )이 더 많다. (   )은 중·고층 건물이며 한국의 아파트처럼 규모가 큰 것을 (   ), 대체로 2층 건물인 규모가 작은 것을 (   )라고 부른다.

❷ 임대 계약에서 (   )은 사례금이란 명목으로 집세 이외에 집주인에게 지불해야 하는 일시금이며, (   )은 방 수리비나 월세 체납 때 충당되는 예치금이다. 단기 임대의 경우, 1주일 단위로 계약하는 (   ), 한 달 단위로 계약할 수 있는 (   ) 등이 편리하다.

❸ 방 배치도를 의미하는 (   )에는 '1K'나 '3LDK' 등으로 표기되어 있는데, 앞자리 숫자는 방의 개수를 나타내고, 'L'은 (   ), 'D'는 (   ), 'K'는 (   )을 의미한다.

> **보기**
>
> A:시키킨   B:부엌   C:공동주택   D:마도리즈   E:먼슬리 맨션   F:식당
> G:아파트   H:잇코다테   I:위클리 맨션   J:맨션   K:거실   L:목조주택   M:레이킨

5 다음 그림과 관련이 있는 말을 하나 고르세요.

❶

A. 후스마   B. 이로리
C. 엔가와   D. 고타쓰

❷

A. 엔가와   B. 도코노마
C. 구쓰바코   D. 게타바코

❸

A. 쇼지   B. 후스마
C. 이로리   D. 다다미

총정리 퀴즈

1 다음 설명에 해당하는 말을 쓰세요.

① 12~13세기, 정권이 귀족으로부터 부시(무사)로 바뀌고 새로운 불교 종파가 나타난 시대

_____

② 불교 종파 니치렌쇼슈(일련정종)의 신도단체로 시작한 신종교로 공명당이라는 정당의 지지를 기반으로 하는 종교 단체

_____

2 다음 설명에 해당하는 말로 가장 알맞은 것을 하나 고르세요.

① 전국 8만여 곳의 진자(신사)를 총괄하는 진자혼초(신사본청)의 본거지

   A. 이세 진구   B. 다자이후 덴만구   C. 이즈모 오야시로   D. 후시미이나리 다이샤

② 신곤슈(진언종)의 개조

   A. 덴교다이시(전교대사) 사이초   B. 덴교다이시(전교대사) 구카이
   C. 고보다이시(홍법대사) 사이초   D. 고보다이시(홍법대사) 구카이

③ 아미타불을 믿고 염불을 외면 악인도 왕생할 수 있다고 하는 조도신슈(정토진종)의 개조

   A. 호넨   B. 신란   C. 잇펜   D. 도겐

3 다음 말에 대한 설명 중 가장 알맞은 것을 하나 고르세요.

① 멸치 머리도 신심부터

   A. 멸치 머리 같은 작은 것에도 신앙심이 있다.
   B. 멸치 머리가 신이 되려면 사람들의 눈에 띄어야 한다.
   C. 멸치 머리도 믿지 못한다면 진정한 신자라고 할 수 없다.
   D. 멸치 머리도 그것을 믿고 있는 사람에게는 공경할 만하다.

② 우치무라 간조

   A. 학문의 신이 되었다.   B. 아라히토가미가 되었다.
   C. 그리스도교를 금지했다.   D. 그리스도교 무교회주의를 제창했다.

③ 덴리쿄(천리교)

   A. 나라현 나라시에 본부를 두는 불교계 신종교
   B. 나라현 덴리시에 본부를 두는 신토계 신종교
   C. 나라현 나라시에 본부를 두는 가톨릭계 신종교
   D. 나라현 덴리시에 본부를 두는 프로테스탄트계 신종교

4 다음 글의 ( ) 안에 들어가는 말을 보기에서 찾아 기호를 쓰세요.

❶ 신토에는 특정한 교주나 교전이 없으며, 모시는 신들은 진자(신사)마다 다르다. 대표적으로는 ( ) 오미카미나 ( ) 등 고대의 역사서인 『( )』나 『니혼쇼키』에 기록된 일본신화의 신들이 있으며, 그 외에도 역사상의 인물이나 자연, 동물을 신격화한 것 등 다양하다. 이렇듯 신토의 수많은 신들을 가리켜 '( )노 가미'라고 부른다.

❷ ( ) 시대(592~710)의 황족이자 정치인인 ( )에 의해 일본 불교의 기초가 만들어졌다. 그가 건립한 사찰로는 오사카시의 시텐노지와, 현존하는 가장 오래된 목조 건물인 나라현의 ( ) 등이 있다.

❸ ( ) 시대(1603~1868)에는 지역 주민의 호적 정보를 불교 사찰이 관리하는 제도가 확립되었다. 이를 ( ) 제도, 혹은 데라우케 제도라고 한다. 또한, 불교는 오랜 역사 속에서 신토와 융합하여 그 경계가 불분명해지고, 신토의 신과 부처를 동일시하게 되었는데, 이 현상을 ( )이라고 한다.

> **보기**
> A:고지키   B:신불습합   C:아스카   D:에도   E:호류지   F:오쿠니누시   G:아마테라스
> H:단카   I:쇼토쿠타이시   J:야오요로즈

5 다음 그림과 관련이 있는 말을 하나 고르세요.

❶

A. 도리이   B. 가모이
C. 스자쿠몬   D. 가미나리몬

❷

A. 다루마   B. 에비스
C. 고마이누   D. 마네키네코

❸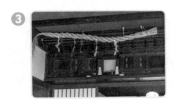

A. 에마   B. 부쓰단
C. 가미다나   D. 오마모리

총정리 퀴즈

① 다음 설명에 해당하는 말을 쓰세요.

❶ 결혼 상대가 정해진 후 서로 주고받는 혼수

_____

❷ 장례식의 조문객이 유족에게 전달하는 부의금

_____

② 다음 설명에 해당하는 말로 가장 알맞은 것을 하나 고르세요.

❶ 혼인의 전 단계로 중매를 통해 보는 맞선

　　A. 나코도　　　B. 쇼카이　　　C. 오미아이　　　D. 우치이와이

❷ 사람이 죽은 날 혹은 고별식 전날에 가족과 친척, 친지들이 밤을 새워 고인을 지키는 일

　　A. 쓰유　　　B. 오본　　　C. 쇼가쓰　　　D. 오쓰야

❸ 장례를 치른 후에 행하는 제사

　　A. 호묘　　　B. 호지　　　C. 호넨　　　D. 호리쓰

③ 다음 말에 대한 설명 중 가장 알맞은 것을 하나 고르세요.

❶ 오이로나오시

　　A. 피로연에서 신랑 신부의 부모가 서로 인사를 나누는 일
　　B. 피로연에서 신부의 화장을 한 번 혹은 여러 번 고치는 일
　　C. 피로연에서 연회장 조명과 요리를 바꾸어 분위기를 바꾸는 일
　　D. 피로연에서 신부가 한 번 혹은 여러 번 의상을 갈아입고 나오는 일

❷ 히키데모노

　　A. 결혼식에 초대한 하객에게 전달하는 답례품
　　B. 결혼식에서 하객이 신랑 신부에게 전달하는 선물
　　C. 장례식 내내 독경을 해 주신 승려에게 바치는 보시
　　D. 장례식에서 발인 전 관에 넣는 고인과 인연이 깊은 물건

❸ 가이묘

　　A. 불단에 위패를 안치하는 일　　　B. 승려가 유가족에게 주는 부적
　　C. 승려가 고인에게 부여하는 이름　　D. 독경을 하며 고인을 극락왕생하게 하는 일

4 다음 글의 (   ) 안에 들어가는 말을 보기에서 찾아 기호를 쓰세요.

① 결혼식의 방식은 진자(신사)에서 하는 (   ), 절에서 하는 (   ), 교회나 성당의 예배당에서는 (   ), 종교색 없이 하객들에게 결혼을 맹세하는 (   ) 등이 있다.

② 결혼식 때 신랑·신부에게 전달하는 돈을 (   )라 하며, 돈은 우측 상단에 (   )라는 장식과 중앙에 (   )라는 홍백 또는 금색과 은색 끈이 달린 종이 봉투에 담는다.

③ 근친자와 가까운 친지만을 초대하여 피로연만 여는 등 간략하게 결혼 행사를 치르는 것을 (   )이라고 한다. 또한 결혼식이나 피로연을 하지 않고 혼인신고만 하는 것을 (   )이라 하고, 반대로 모든 결혼 관련 행사를 많은 비용을 들여서 하는 결혼을 (   )이라고 한다.

> **보기**
> A:미즈히키   B:불전식   C:지미콘   D:인전식   E:하데콘   F:슈기   G:신전식
> H:노시   I:그리스도교식   J:나시콘

5 다음 그림과 관련이 있는 말을 하나 고르세요.

①

A. 산쿠도도   B. 산쿠쿠도
C. 산산쿠도   D. 산쿠산쿠도

②

A. 슈기   B. 히키데모노
C. 오미아이   D. 오이로나오시

③

A. 오쓰야   B. 모호쿠
C. 고덴   D. 숫칸

총정리 퀴즈

1 다음 설명에 해당하는 말을 쓰세요.

1 원래 도시가미라는 새해 신을 맞이하는 행사였던 신정에 하는 일본의 설 명절

_____

2 양력 8월 15일에 조상의 영혼을 기리는 불교에서 유래된 일본의 큰 명절

_____

2 다음 설명에 해당하는 말로 가장 알맞은 것을 하나 고르세요.

1 '모모노셋쿠'라고도 하며, 여자아이의 성장을 기원하는 날

A. 하쓰젯쿠 　　 B. 시치고산 　　 C. 히나마쓰리 　　 D. 단고노 셋쿠

2 만개한 벚꽃 아래에서 술을 마시거나 음식을 먹으면서 벚꽃을 감상하며 즐기는 일

A. 다마야 　　 B. 하나미 　　 C. 하나비 　　 D. 사쿠라

3 세쓰분에 "오니와 소토, 후쿠와 우치"라고 외치며 볶은 콩을 뿌리는 행사

A. 마메마키 　　 B. 에호마키 　　 C. 후토마키 　　 D. 호소마키

3 다음 말에 대한 설명 중 가장 알맞은 것을 하나 고르세요.

1 무카에비

A. 8월 13일, 불을 피워 저승에서 돌아오는 조상의 영혼을 맞이한다.
B. 8월 16일, 다시 불을 피워 조상의 영혼을 저승으로 되돌려 보낸다.
C. 8월 13일과 16일, 조상의 무덤을 찾아가 묘비에 물을 뿌리며 조상의 명복을 빈다.
D. 8월 16일, 교토의 다섯 군데 산에서 멀리서 보면 글자나 그림으로 보이게 불을 피운다.

2 본다나

A. 아이의 성장을 비는 제단으로 떡으로 만든 용 인형과 엿으로 만든 개 인형도 장식한다.
B. 아이의 성장을 비는 제단으로 엿으로 만든 용 인형과 떡으로 만든 개 인형도 장식한다.
C. 조상을 모시기 위한 제단으로 가지로 만든 말 인형과 오이로 만든 소 인형도 장식한다.
D. 조상을 모시기 위한 제단으로 오이로 만든 말 인형과 가지로 만든 소 인형도 장식한다.

3 오조니

A. 간토풍은 간장 맛 국물에 동그란 떡, 간사이풍은 된장 맛 국물에 네모난 떡이다.
B. 간토풍은 된장 맛 국물에 네모난 떡, 간사이풍은 간장 맛 국물에 동그란 떡이다.
C. 간토풍은 간장 맛 국물에 네모난 떡, 간사이풍은 된장 맛 국물에 동그란 떡이다.
D. 간토풍은 된장 맛 국물에 동그란 떡, 간사이풍은 간장 맛 국물에 네모난 떡이다.

4 다음 글의 ( ) 안에 들어가는 말을 보기에서 찾아 기호를 쓰세요.

❶ 7월 7일 일본 각지에서 ( ) 마쓰리가 개최된다. 이 날, 형형색색의 길쭉한 색종이로 된 ( )에 소원을 적어 ( )에 매달아 장식한다. 이와 관련된 대규모 지역 축제 중 ( ) 마쓰리는 8월 6일에서 8일까지의 3일간 열리고 도호쿠 3대 마쓰리로도 꼽힌다.

❷ 설날에는 도시가미라는 신을 맞이하기 위해 소나무와 대나무로 만든 ( )를 현관문 앞 양 옆에 세운다. 그리고 신성한 장소와 바깥 세계를 구분하는 ( )에 등자 열매나 등으로 장식한 ( )를 현관문 앞에 단다. 또한 도시가미에게 바치는 공양물로 크고 작은 두 개의 둥근 떡을 겹쳐 장식하는 것을 ( )라고 하고, 설을 지내고 난 후에 이를 쪼개서 먹는 것을 ( )라고 한다.

❸ 설날에 새해 처음으로 진자(신사)나 절을 참배하는 ( )를 가면, 술지게미로 만든 따뜻하고 달콤한 ( )를 마시며, 올해의 길흉을 점치는 제비인 ( )를 뽑거나 올해의 소원을 ( )라는 나무판에 적어 걸어 놓는다.

보기   A:에마   B:사사   C:가가미모치   D:센다이 다나바타   E:시메나와   F:하쓰모데
G:단자쿠   H:오미쿠지   I:가가미와리   J:아마자케   K:다나바타   L:시메카자리
M:가도마쓰

5 다음 그림과 관련이 있는 말을 하나 고르세요.

❶

   A. 히시모치   B. 지토세아메
   C. 지라시즈시   D. 나가시비나

❷

   A. 지마키   B. 요로이
   C. 가부토   D. 고이노보리

❸

   A. 아와오도리   B. 기온 마쓰리
   C. 네부타 마쓰리   D. 고잔노 오쿠리비

총정리 퀴즈

1 다음 설명에 해당하는 말을 쓰세요.

1 간아미와 제아미가 완성시킨 사루가쿠에서 유래하며 '노'와 '교겐'을 아울러 이르는 예능

_____

2 와비차를 완성시키고 오늘날 일본 다도의 토대를 마련한 인물

_____

2 다음 설명에 해당하는 말로 가장 알맞은 것을 하나 고르세요.

1 일본 전통 인형극으로 '닌교조루리'라고도 한다.

A. 미에   B. 다유   C. 오하코   D. 분라쿠

2 가부키 배우의 독특한 화장법으로 역할에 따라 색깔이 다르다.

A.니마이메   B. 구마도리   C. 세와모노   D. 지다이모노

3 가부키 배우를 그린 우키요에 종류로 도슈사이 샤라쿠의 오쿠비에가 인기를 끌었다.

A. 단에   B. 요세에   C. 야쿠샤에   D. 니시키에

3 다음 말에 대한 설명 중 가장 알맞은 것을 하나 고르세요.

1 라쿠고

A. 혼자 무대 위에 앉아 연기를 하면서 익살스러운 이야기를 하는 예능
B. 두 사람이 무대 위에 서서 놀라운 결말이 있는 대화를 전개하는 예능
C. 혼자 무대 위에 앉아 슬픈 이야기를 하면서 관객의 눈물을 자아내는 예능
D. 두 사람이 무대 위에 서서 익살스러운 대화를 나누며 이야기를 진행하는 예능

2 기마리테

A. 스모에서 승부를 결정하는 기술   B. 스모에서 우승이 걸린 중요한 대결
C. 스모에서 승패를 판정하는 심판   D. 스모에서 승자를 가리킬 때 쓰는 도구

3 샤미센

A. 퉁소와 비슷한 목관 악기로 불교의 탁발과 관련이 깊다.
B. 전통적인 3줄 현악기로 민요 반주나 무대 음악으로 사용된다.
C. 가야금과 비슷한 13줄 현악기로 고토지라는 기둥을 사용한다.
D. 거문고와 비슷한 7줄 현악기로 고토지라는 기둥을 사용하지 않는다.

4 다음 글의 ( ) 안에 들어가는 말을 보기에서 하나 찾으세요.

❶ 가부키에서는 다양한 무대 장치를 사용한다. 무대 중앙을 회전시킬 수 있는 장치를 ( )라고 한다. 무대에는 수직으로 오르내리는 장치인 ( )가 여러 개 있으며, 이 중 배우가 객석을 가로질러 등퇴장하는 통로인 ( )에 있는 것을 ( )이라고 한다. 또한 가부키 공연의 시작과 끝에는 ( )라는 3색 줄무늬의 무대막이 사용된다.

❷ 오즈모의 정기 대회를 ( )라고 하며, 1년에 6번 ( ) 달에 ( ) 열린다. 마쿠우치 리키시 중 최상위가 ( )이고, 두 번째가 ( )이다. 이와 같은 리키시의 계급이나 지위를 기록한 순위표를 ( )라고 한다.

❸ 우키요에 제작은 다음과 같은 분업을 이룬다. 판매자인 한모토에게 의뢰를 받은 ( )가 밑그림을 그린다. 그 그림을 ( )가 목판에 새긴 후, ( )가 목판에 물감을 묻혀 종이에 색을 찍어낸다. 또한, 우키요에 종류 중 자연이나 거리 등 풍경을 그린 것을 ( )라고 하며, 가쓰시카 ( )의 〈후가쿠 산주롯케이〉와 우타가와 ( )의 〈도카이도 고주산쓰기〉가 유명하다.

> **보기**
>
> A:하나미치   B:메이쇼에   C:홀수   D:스리시   E:세리   F:오제키   G:마와시부타이
> H:에시   I:반즈케   J:호쿠사이   K:조시키마쿠   L:요코즈나   M:15일간   N:히로시게
> O:슷폰   P:호리시   Q:혼바쇼

5 다음 그림과 관련이 있는 말을 하나 고르세요.

❶

A. 노멘   B. 와키

C. 요세   D. 니라미

❷

A. 사라도   B. 헤이카

C. 다루마   D. 모리바나

❸

A. 겐다마   B. 하네쓰키

C. 오리가미   D. 엔기모노

1 다음 설명에 해당하는 말을 쓰세요.

1 일본국헌법에서 일본 국민 통합의 상징으로 규정되어 있다.

_____

2 일본의 정부 수반

_____

2 다음 설명에 해당하는 말로 가장 알맞은 것을 하나 고르세요.

1 선거에서 투표할 수 있는 연령

　A. 만 17세 이상　　B. 만 18세 이상　　C. 만 19세 이상　　D. 만 20세 이상

2 오사카 등 지방 정치에서 당세를 키워 국정에 진출한 보수 성향 정당

　A. 일본유신회　　B. 입헌민주당　　C. 레이와 신센구미　　D. 정치가 여자 48당

3 80년대 후반부터 90년대 초반까지의 유례없는 엄청난 호경기

　A. 엔고 호황　　B. 엔저 호황　　C. 버블 경기　　D. 리먼 경기

3 다음 말에 대한 설명 중 가장 알맞은 것을 하나 고르세요.

1 일본국헌법 제9조

　A. 국민주권을 규정하고 있다.　　B. 기본적 인권의 존중을 규정하고 있다.
　C. 삼권분립을 규정하고 있다.　　D. 전쟁 포기와 전력 불보유를 규정하고 있다.

2 중의원 의원 총선거

　A. 임기 만료에 따라 치러지며 중의원의 절반을 교체한다.
　B. 임기 만료에 따라, 혹은 중의원을 해산했을 때에 치러진다.
　C. 4년에 한 번 중의원 의원과 함께 전국의 지방공공단체장을 뽑는다.
　D. 3년에 한 번 중의원 총 148석을 전국 45개 선거구로 나누어 다툰다.

3 혼다 소이치로

　A. 오토바이 제조로 회사를 세계 규모로 성장시켰다.
　B. 휴대용 전자 게임기나 가정용 컴퓨터 가임기를 개발·판매하였다.
　C. 대량생산에 의한 비용 절감에 성공하여 '경영의 신'이라고 불렸다.
　D. 교육기관을 설립하여 차세대 정치인이나 재계인 육성에 힘을 쏟았다.

4 다음 글의 ( ) 안에 들어가는 말을 보기에서 하나 찾으세요.

❶ 일본의 국회는 ( )를 채택하고 있으며, 임기 4년의 ( )과 임기 6년의 ( )으로 구성된다.

❷ 일본의 정치는 1955년 이래 보수계의 거대 정당 ( )과 진보계의 ( )의 양대 정당에 의한 정치 체제, 이른바 ( )가 이어져 왔지만, 사실상 자민당 일당 지배 체제가 오래 지속되었다. 1993년에 자민당을 배제한 연립정권이 탄생했으나 얼마 지나지 않아 자민당은 정권에 복귀했다. 2009년의 총선거에서 진보계의 ( )이 압승해 다시 정권 교체가 이루어졌으나, 2012년 12월 이후 자민당은 중도 정당인 ( )과의 연정을 통해 다시 정권을 운영하고 있다.

❸ 제2차 세계대전 패전 후의 부흥을 이룬 일본 경제는 1955년부터 ( )에 접어들어 1973년까지 계속되었다. 1960년에는 이케다 하야토 총리가 10년간 국민총생산을 2배로 끌어올리는 ( )을 발표했다. 또한 1964년에는 ( ) 올림픽이 개최되었고, 1970년에는 오사카에서 일본 ( )가 개최되는 등 호경기의 기폭제가 되는 이벤트가 계속되었다.

> **보기**
>
> **A**:55년 체제   **B**:고도성장기   **C**:민주당   **D**:양원제   **E**:도쿄   **F**:일본사회당(사회당)
> **G**:만국박람회   **H**:참의원   **I**:공명당   **J**:소득 배증 계획   **K**:중의원   **L**:자유민주당(자민당)

5 다음 그림과 관련이 있는 말을 하나 고르세요.

❶

A. 이케다 하야토   B. 오카모토 다로
C. 야마우치 히로시   D. 마쓰시타 고노스케

❷

A. 닌텐도   B. 버블 붕괴
C. 아베노믹스   D. 플라자 합의

❸

A. 올림픽   B. 만국박람회
C. 삼종신기   D. 잃어버린 20년

총정리 퀴즈

1 다음 설명에 해당하는 말을 쓰세요.

① 중고등학교에서 '부활동'을 줄여서 흔히 이르는 말

_____

② 학교에서 폭력으로 상대에게 신체적 · 심리적 고통을 주는 행위

_____

2 다음 설명에 해당하는 말로 가장 알맞은 것을 하나 고르세요.

① 일본에서 입학식을 하는 시기

    A. 3월   B. 4월   C. 9월   D. 10월

② 대학 3학년부터 시작되는 소집단 주제 연구 수업

    A. 제미   B. 콤파   C. 엔트리   D. 슈카쓰

③ 교육 · 문화 · 과학기술 등을 장관하는 중앙행정기관

    A. 총무성   B. 경제산업성   C. 문부과학성   D. 후생노동성

3 다음 말에 대한 설명 중 가장 알맞은 것을 하나 고르세요.

① 종신고용 제도

    A. 입사 후 정년까지 고용이 보장되는 제도
    B. 근속연수가 길수록 급여와 직위가 오르는 제도
    C. 지식이나 기술을 측정하여 등급을 매기는 제도
    D. 근속연수와 상관없이 성과에 따라 대우가 정해지는 제도

② 유토리 세대

    A. 1992년부터 2001년까지 표준적인 학습시간으로 교육을 받은 세대
    B. 2002년부터 2011년까지 학습시간이 줄어든 기간에 교육을 받은 세대
    C. 2012년부터 2019년까지 학습시간이 늘어난 기간에 교육을 받은 세대
    D. 2020년부터 2022년까지 코로나19 사태로 인하여 비대면 교육을 받은 세대

③ 부등교

    A. 방학 때도 등교하여 집중 강좌를 듣는 특별반
    B. 방학 특별반을 장기간 결석하거나 중간에 그만두는 일
    C. 질병이나 경제적 이유로 부득이하게 등교를 하지 못하는 상태
    D. 질병이나 경제적 사유없이 연간 30일 이상 학교를 결석하는 상태

4 다음 글의 ( ) 안에 들어가는 말을 보기에서 하나 찾으세요.

① 고등학교는 낮에 수업을 하는 (   )와 직장인들이 저녁에 등교하여 학습하는 (   ), 등교하지 않고 통신교육을 받는 통신제로 나뉜다. 학과는 중학교 (   )의 심화 교육을 중심으로 공부하는 (   )와, 공업, 상업, 농업 등 전문분야를 교육하는 전문학과가 있다.

② 일본의 대학 입시는 크게 일반입시와 (   )로 구분된다. 국공립대학의 일반입시는 1차시험 역할을 하는 대학입시 (   )와 대학별로 실시하는 2차시험으로 구성된다. 입시 난이도를 나타내는 지표를 (   )라 하여, 이 수치로 자신의 위치를 어느 정도 파악할 수 있다.

③ 야간근무나 휴일근무를 시켜도 임금을 지불하지 않는 (   ), 그리고 불법적인 장시간 노동으로 인하여 죽음으로 이르는 (   ) 등 노동환경 문제가 심각하다. 이처럼 비고용자를 열악한 노동환경으로 내모는 기업을 (   )이라고 한다. 또한 직장 내 우위성을 이용하여 상대방에게 정신적 · 신체적 고통을 주는 (   )도 문제시되고 있다.

> **보기**
> A:블랙기업 B:5교과 C:서비스 잔업 D:추천입시 E:전일제 F:보통과
> G:파와하라 H:편차치 I:과로사 J:정시제 K:공통테스트

5 다음 그림과 관련이 있는 말을 하나 고르세요.

①

　　A. 급식　　　　　　B. 홈룸
　　C. 인턴십　　　　　D. 학급붕괴

②

　　A. 도쿄대학　　　　B. 와세다대학
　　C. 도호쿠대학　　　D. 게이오대학

총정리 퀴즈

1 다음 설명에 해당하는 말을 쓰세요.

① 1983년 닌텐도에서 나온 가정용 컴퓨터 게임기

_____

② 고부시와 깊은 비브라토를 다용하는 독특한 가창법으로, 한국의 트로트와 비슷한 노래 장르

_____

2 다음 설명에 해당하는 말로 가장 알맞은 것을 하나 고르세요.

① 꽃(식물)이 디자인된 48장의 패로 구성되었으며, 한국에서는 이를 '화투'라고 부른다.

    A. 야쿠   B. 트럼프   C. 모치고마   D. 하나후다

② 영화 〈라쇼몬〉(1950), 〈7인의 사무라이〉(1954) 등의 감독으로, 그 약동감 넘치는 촬영 수법은 세계의 영화계에 많은 영향을 주었다.

    A. 기타노 다케시   B. 오즈 야스지로   C. 구로사와 아키라   D. 고레에다 히로카즈

③ 애니메이션 〈철완 아톰〉을 제작하여 30분 평성 TV 애니메이션의 시초가 되었다.

    A. 데즈카 오사무   B. 마쓰모토 레이지   C. 다카하타 이사오   D. 후지코 F 후지오

3 다음 말에 대한 설명 중 가장 알맞은 것을 하나 고르세요.

① 고시엔

    A. 매년 고교 야구의 전국 대회가 열리는 구장의 애칭
    B. 매년 대학 야구의 세계 대회가 열리는 구장의 애칭
    C. 매년 사회인 야구의 간사이 대회가 열리는 구장의 애칭
    D. 매년 프로야구 독립리그의 선수권 대회가 열리는 구장의 애칭

② 사자에씨

    A. 일본에서 최초로 방영된 TV 드라마
    B. 일본에서 최초로 방영된 TV 애니메이션
    C. 세계에서 가장 오랜 기간 방영되고 있는 TV 드라마
    D. 세계에서 가장 오랜 기간 방영되고 있는 TV 애니메이션

③ 아사도라

    A. NHK에서 일요일에 방영하는 45분 편성의 드라마 시리즈의 약칭
    B. NHK에서 평일 아침에 방영하는 15분 편성의 드라마 시리즈의 약칭
    C. TBS에서 일요일에 방영하는 1시간 편성의 사회적 문제를 다룬 드라마의 약칭
    D. TBS에서 평일 낮에 방영하는 30분 편성의 새로운 연애관을 다룬 드라마의 약칭

4 다음 글의 ( ) 안에 들어가는 말을 보기에서 하나 찾으세요.

❶ ( )는 읽기 카드인 요미후다와 잡기 카드인 도리후다로 나뉘어, 요미후다와 짝이 되는 도리후다를 잡는 놀이다. 이 중 와카집 『( )』를 사용한 것을 ( )라고 하며, 이것으로 1대1 승부를 겨루는 것을 ( )라고 한다.

❷ 일본의 프로 야구 ( )(일본야구기구)는 ( ) 리그와 퍼시픽 리그 두 리그로 나뉘는데, 이를 줄여서 세리그, ( )라고 부르며, 각 리그에 ( ) 구단씩 소속한다. 매년 리그전에서 3위 이상이 된 팀들이 ( )에 진출한다. 이 시리즈에서 1위가 된 팀이 일본 프로 야구 정상결전인 ( )에 진출하게 된다.

❸ 엔게이의 공연을 ( )라고 하며, 거기에 출연하는 사람을 ( )이라고 부른다. 관객에게 웃음을 주는 엔게이를 통틀어 ( )라 하는데, 그중 ( )는 무대 위에서 주로 두 사람이 마이크를 앞에 두고 웃기는 대화를 나누는 엔게이다. 만자이의 역할은 이상한 말이나 행동을 하는 ( )와 이상한 점을 지적하면서 웃을 포인트를 관객에게 제시해 주는 ( )로 나뉜다.

> **보기**
>
> A:센트럴 B:쏫코미 C:일본시리즈 D:오와라이 E:경기 가루타 F:게이닌
> G:파리그 H:오구라 백인일수 I:요세 J:6개 K:가루타 L:만자이 M:NPB
> N:보케 O:우타가루타 P:클라이맥스 시리즈

5 다음 그림과 관련이 있는 말을 하나 고르세요.

❶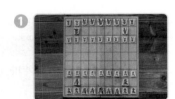

A. 이고   B. 스고로쿠

C. 쇼기   D. 바바누키

❷

A. J리그   B. 오타니 쇼헤이

C. 노모 히데오   D. 이치로

❸

A. 요네즈 겐시   B. 미야자키 하야오

C. 사카모토 류이치 D. 다카하타 이사오

정답 및 해설

P 2, 3

1 ❶ 후지산 ❷ 시나노가와
2 ❶ C ❷ B ❸ A
3 ❶ D ❷ B ❸ C
4 ❶ J, E, H, L, C
  ❷ M, B, D, G
  ❷ I, A, F, K
5 ❶ D ❷ C ❸ A

P 4, 5

1 ❶ 와후쿠 ❷ 후리소데
2 ❶ B ❷ A ❸ B
3 ❶ B ❷ D ❸ C
4 ❶ D, F, B
  ❷ C, A, G, E
5. ❶ A ❷ D ❸ C

P 6, 7

1 ❶ 와쇼쿠 ❷ 깃사텐
2 ❶ B ❷ C ❸ D
3 ❶ A ❷ C ❸ A
4 ❶ F, J, D, A
  ❷ E, I, B, K
  ❸ H, C, G
5 ❶ C ❷ B ❸ B

P 8, 9

1 ❶ 고타쓰 ❷ 마도리
2 ❶ A ❷ A ❸ C
3 ❶ B ❷ C ❸ D
4 ❶ H, L, C, J, G
  ❷ M, A, I, E
  ❸ D, K, F, B
5 ❶ D ❷ B ❸ A

P 10, 11

1 ❶ 가마쿠라 시대
  ❷ 소카갓카이(창가학회)
2 ❶ A ❷ D ❸ B
3 ❶ D ❷ D ❸ B
4 ❶ G, F, A, J
  ❷ C, I, E
  ❸ D, H, B
5 ❶ A ❷ C ❸ C

P 12, 13

1 ❶ 유이노 ❷ 고덴
2 ❶ C ❷ D ❸ B
3 ❶ D ❷ A ❸ C
4 ❶ G, B, I, D
  ❷ F, H, A
  ❸ C, J, E
5 ❶ C ❷ A ❸ B

P 14, 15

1 ❶ (오)쇼가쓰 ❷ 오본
2 ❶ C ❷ B ❸ A
3 ❶ A ❷ D ❸ C
4 ❶ K, G, B, D
  ❷ M, E, L, C, I
  ❸ F, J, H, A
5 ❶ B ❷ D ❸ A

P 16, 17

1 ❶ 노가쿠 ❷ 센노 리큐
2 ❶ D ❷ B ❸ C
3 ❶ A ❷ A ❸ B
4 ❶ G, E, A, O, K
  ❷ Q, C, M, L, F, I

❸ H, P, D, B, J, N
5 ❶ A ❷ D ❸ B

P 18, 19

1 ❶ 천황
  ❷ 내각총리대신
   (총리대신, 총리, 수상)
2 ❶ B ❷ A ❸ C
3 ❶ D ❷ B ❸ A
4 ❶ D, K, H
  ❷ L, F, A, C, I
  ❸ B, J, E, G
5 ❶ D ❷ C ❸ B

P 20, 21

1 ❶ 부카쓰 ❷ 이지메
2 ❶ B ❷ A ❸ C
3 ❶ A ❷ B ❸ D
4 ❶ E, J, B, F
  ❷ D, K, H
  ❸ C, I, A, G
5 ❶ B ❷ A

P 22, 23

1 ❶ 패밀리 컴퓨터(화미콘)
  ❷ 엔카
2 ❶ D ❷ C ❸ A
3 ❶ A ❷ D ❸ B
4 ❶ K, H, O, E
  ❷ M, A, G, J, P, C
  ❸ I, F, D, L, N, B
5 ❶ C ❷ B ❸ B

| 일본어뱅크 |

머리에
쏙쏙 들어오는

좋아요
일본
문화와 사회

동양북스 채널에서 더 많은 도서
더 많은 이야기를 만나보세요!

  ▶ 유튜브

 ⓞ 인스타그램

🖥 블로그

 📮 포스트

  f 페이스북

💬 카카오뷰

외국어 출판 45년의 신뢰
외국어 전문 출판 그룹
동양북스가 만드는 책은 다릅니다.

45년의 쉼 없는 노력과 도전으로 책 만들기에 최선을 다해온
동양북스는 오늘도 미래의 가치에 투자하고 있습니다.
대한민국의 내일을 생각하는 도전 정신과 믿음으로 최선을 다하겠습니다.

 동양북스